学校的新式样本

——杭州翡翠城学校诞生纪实

XUEXIAO DE XINSHI YANGBEN

HANGZHOU FEICUICHENG XUEXIAO DANSHENG JISHI

汪　潮
方建兰　编著

浙江工商大学出版社
ZHEJIANG GONGSHANG UNIVERSITY PRESS

图书在版编目(CIP)数据

学校的新式样本 ：杭州翡翠城学校诞生纪实 / 汪潮，方建兰编著. -- 杭州 ：浙江工商大学出版社，2018.3
ISBN 978-7-5178-2631-6

Ⅰ. ①学… Ⅱ. ①汪… ②方… Ⅲ. ①杭州翡翠城学校-概况 Ⅳ. ①G639.285.51

中国版本图书馆CIP数据核字（2018）第042933号

学校的新式样本
——杭州翡翠城学校诞生纪实

汪 潮 方建兰 编著

责任编辑 厉 勇
封面设计 林朦朦
出版发行 浙江工商大学出版社
(杭州市教工路 198号邮政编码 310012)
(E-mail：zjgsupress@163.com)
(网址：http://www.zjgsupress.com)
电话：0571-88904980，88831806（传真）
排 版 杭州彩地电脑图文有限公司
印 刷 杭州半山印刷有限公司
开 本 710mm × 1000mm 1/16
印 张 16
字 数 306千
版 印 次 2018年3月第1版 2018年3月第1次印刷
书 号 ISBN 978-7-5178-2631-6
定 价 50.00元

浙江工商大学出版社营销部邮购电话 0571-88904970

序

杭州绿城育华翡翠城学校，是浙江绿城教育集团旗下的第六所学校，于2017年9月1日正式开学。作为一所非营利的民办九年制学校，开办之初共招收了一年级5个班149名新生。绿城教育发展至今已有20多年的历史，构建了从学前到高中涵盖整个基础教育阶段的k–12教育体系。在多年的教育实践中，绿城育华也形成了自己独特的教育文化。这就是在“仁爱 求真”核心价值观引领下对于理想教育的不懈追寻。我们以坚守教育的人文主义理想，中外兼容，多元发展，培养面向世界、适应未来社会、全面发展的学生为己任，耕耘在基础教育领域。绿城育华翡翠城学校正是在这样一所在教育文化基础上建立的新学校。我们力求这所学校，有一个新的更高的起点，打造绿城教育的新高地。

▲浙江绿城教育集团总经理陈海克与杭州绿城育华翡翠城学校学术总监汪潮教授合影

我们的愿景是要把翡翠城学校办成一所有风格、有品质、有理想的一流品牌名校：

一所以“中西兼容”为特色的学校；

一所以“全人教育”为特征的学校；

一所以“翡翠文化”为特质的学校。

在学校筹建的过程中，学校筹建班子，在立校之初就把教育理念、课程建设、教育精神放在建校的首位，并为此特别聘请浙江外国语学院小学教育研究所所长、具有很高的教育理论素养和学术造诣的汪潮教授为该校的学术总督导。他直接或间接参加了该校的论证和筹备的活动，特别是主持了学校的课程建设。汪教授不辞辛劳深入课堂听课，收集第一手办学资料，规划了翡翠城学校的课程建设，提出了新的“体”课程理念并付诸实施。同时，他还亲自编写《学校的新式样本——杭州翡翠城学校诞生纪实》一书。在此我对他表示诚挚的感谢。

这是一本关于杭州翡翠城学校诞生的纪实性著作。通读全书，深感它思路清楚，板块清晰，表达详尽，字里行间充满着翡翠人的智慧和真诚。

从本书的表述看，有三个特点：一是以办学时间为线索，梳理翡翠城学校的发展轨迹和办学经历。二是遵照重点优先的原则，侧重办学过程的重要事件，点面结合，突出重点，记录翡翠城学校创办和今后发展的历史坐标。三是遵从多元整合的思想，努力使精神与物质相结合、教师与学生相结合、方案与实施相结合、图文并茂、图表结合，充分体现了“整体观照、细节落实”的务实精神。

这本专著既是绿城育华翡翠城学校的一个缩影，较全面地记载了翡翠城学校诞生的全过程，也是一所现代学校诞生的新式样本。

绿城育华翡翠城学校，在学校筹建者的努力下，已经扬帆起航了。我要为学校的筹建者点赞，并对大家的付出表示衷心的感谢！我们有理由相信：在有志之士、有识之士、有教之士的共同努力下，假以时日，翡翠城学校一定会如翡翠般熠熠生辉，成为国内一流品质的民办学校。

我们期待着！

浙江绿城教育集团总经理
陈海克
2018.2

前言

翡翠是一种美丽的鸟，翡翠也是一种珍贵的玉。“翡翠城”原本是20世纪初美国作家莱曼·弗兰克·鲍姆在他的科幻童话《绿野仙踪全集》中想象的一个绿色环保城市。坐落在杭州城西翡翠城的杭州翡翠城学校，是一个现代学校的新式样本。

一、翡翠城之城

2004年，浙江绿城控股集团和浙江铁路投资集团联合成立了杭州翡翠城房地产开发有限公司。经过长达13年之久的经营，已经把翡翠城建设成为杭州城西西溪板块的一个大型居住社区。

1. 这是一个自然环境得天独厚的大型社区

翡翠城坐落在杭州西部，东边紧邻10平方公里的杭州西溪国家湿地公园和杭州西溪印象城，南边紧沿杭徽高速公路，北边临近华东设计院等。社区呈十字形，分东南区、东北区、西南区、西北区4大板块，占地总面积约1400亩。区内有树、有花、有草，还有水，绿色环保，环境优美，整个小区笼罩在绿色之中。漫步在街头小巷，你会感受到：这是一个真正意义上的城市居住“绿色环保大型社区”。

2. 这是一个建筑风格独具个性的大型社区

翡翠城建有多层、高层、排屋、别墅等各种类型的住宅。除了绿城产品中最常见的经典风格之外，地中海风格、法式风格、现代新古典风格等绿城集团最新的各类建筑都在翡翠城一一呈现。可谓是绿城作品的精华集，堪称“绿城建筑博物馆”。

3. 这是一个配套服务高端独到的大型社区

翡翠城作为绿城园区服务体系实践基地之一，全面导入健康医疗、文化教育、居家生活三大园区服务体系，100余项社区生活配套服务，引入绿城育华教育集团、翡翠社区卫生服务站、业主社团（少儿社、文艺社、运动俱乐部）、颐乐学院、社区巴士等，全方位营造和谐高端的社区氛围。还借鉴新加坡“邻里中心”模式，精心规划约5万平方米大体量商业中心“翡翠天地”。它有社区商业中心、运动中心、幼儿园、超市、酒店、医疗服务中心等，已经形成一个8000多户人家、约3万人口的大型城市社区，它可居、可玩、可购、可游，是杭州罕见的集生活、休闲、商业、娱乐、运动、教育等功能于一体的“现代理想生活之城”。

翡翠城学校坐落在翡翠城西北区块，占地49.8亩。该学校的全称是杭州市余杭区绿城育华翡翠城学校。它是浙江绿城教育控股集团旗下的一所集中学、小学一体化的民办学校。与杭州绿城育华中学、杭州绿城育华小学、杭州绿城育华亲亲学校、杭州绿城足球学校、舟山绿城育华（国际）学校一起构成绿城教育集团下属的6所学校群。

二、翡翠城之学

学校是学习的场所。学生的学习，是翡翠城学校建设和发展的重中之重。从建校之始，学校致力于学生学习体系的构建，并逐步落实到学校的每一个环节。翡翠城学校的样式首先是一个关于学习的样式。

1. 从活动中学

初入学儿童活泼、好动，“活动”是小学起始学段最好的学习形式。为了适应这一特点，翡翠城学校构建了“活动图谱”：由学校活动、学生活动和亲子活动构成。丰富多彩的活动促进了幼儿对小学学习生活的适应，大大缩短了“幼儿园—小学”的衔接时间，也有利于小学生身心健康和整体素养的形成和发展。小学生第一学期就开展了以下活动：升国旗活动、旅行活动、国际文化节活动、游园会活动、入队仪式、亲子课堂活动、亲子设计活动、亲子运动会等。

所以说，翡翠城学校的学习特点之一是活动促进学生“全人”发展。

2. 在课堂上学

课堂是学生学习的主要场所，对学生的发展起主导作用。一所学校应该把主要时间和精力放在提高课堂学习的质量和效率上。翡翠城学校积极提倡课堂的“三学”：让位地学、多元地学、综合地学。

“让位地学”体现了翡翠城学校关于师生关系的样式：以生为本，先学后教，据学而教，依学评教。

“多元地学”体现了翡翠城学校关于学习方式的样式：尊重学生的多元智能和个性特点，推进基于“核心素养”的学生个性化学习方式的形成。

“综合地学”体现了翡翠城学校关于学习内容的样式：打破学科之间、教师之间、校内外之间的壁垒，系统地、联系地、融合地选择和确定学习内容。

可以说，翡翠城学校的学习特点之二是课堂促进学习真正有效。

3. 书本里学

从某种意义上可以说，一个学生的发展水平是由其读书的量和质决定的。建校之始，翡翠城学校就对“书香校园”作出了系统而详细的设计，使整个学校充满浓浓的书香味。

学校“翡翠书院”的设置，使学生的读书落到了实处。

关于一年级读书目录的推荐、读书节的策划和实施，都有助于学生读书氛围的形成和读书兴趣的培养。

也可以认为，翡翠城学校的学习特点之三是读书促进学习广泛进行。

三、翡翠城之校

作为一所全新的学校，翡翠城学校把教育理念、课程建设、教育精神放在建校的首位。其中有三个办学样式特别值得我们关注：

1. “全人”梦

创办翡翠城学校的学理依据有三：一是儿童中心理论，二是全人教育理论，三是多元智能理论。以此对“全人教育”进行了深入的解读，提出了“全人”的内涵和“全课程”的体系。经过讨论，提出了“全人教育”的5个重要内容：育人全环境、育人全制度、育人全内容、育人全学习、育人全标准。

2.“体”课程

从2017年3月1日翡翠城学校开始筹备之时，就对学校课程进行总体思考，重点聚焦“课程群”的认识和研讨。

课程群是以特定的素养结构为目标，由若干门性质相关或相近的单门课程组成的一个结构合理、层次清晰、彼此连接、相互配合、深度呼应的连环式课程集群。

关于课程方案几易其稿，2017年5月1日初步形成了翡翠城学校课程一体化设计的两个思路：一是国家课程校本化（“体课程”“面课程”“线课程”“点课程”）；二是开设翡翠课程（活动课程）。

下面是翡翠城学校课程一体化设计的总体框架：

课程类型	适用学段	主要特征	主要目的
立体课程 （体课程） 翡翠城课程	第一学段 （1—2年级）	课程体	幼小衔接
整合课程 （面课程） 翡翠城课程	第二学段 （3—4年级）	知识面	课内整合
拓展课程 （线课程） 翡翠城课程	第三学段 （5—6年级）	教学线	课外延伸
学科课程 （点课程） 翡翠城课程	第四学段 （7—9年级）	学科点	学科深化

这个课程设计有三个特点：一是顶层设计，有利于整体把握学校课程建设和发展；二是系统设计，从“体→面→线→点”，体现了较好的统整课程思想；三是双轨设计，学校的课程由国家课程校本化和学校的拓展性翡翠课程组成。

小学第一学段（一、二年级）主要研究和实践“体课程”。包括“体课程”的研制大纲、教材编写和多元课型研制。

从“体”一字的含义看，“体”字由“人”和“本”两个偏旁组成，本义就是“以人为本”。它含有主体、立体、结构体的意思。所以“体课程”反映了学生主体、立体构思、综合实施的思想。

从“体课程”一词的含义看，它的基本元素有三个。（1）体状的。它不是线型的，点状的，而是立体交织的。（2）课际的。它不是单一学科的，而是体现学科与学科的密切联系。以语文为主线构建“体课程”，也可以以其他学科为主线构建“体课程”。（3）成效的。“体课程”在特定的学程里发挥作用。主要适用于第一学段（1—2年级）。

从“体课程”的性质看，它属于一种主体课程、统整课程、整合课程和融合课程，它不是“网络课程”，不同于“主题课程”，有别于“全课程”，区别于“拓展性课程”。

3. 精气神

通过对“精、气、神”的本义、引申义和教育义的深入解读，重点研制翡翠城学校的教育精神，包括教育精神的价值和教育精神的主要内容。进而对学校文化进行较深入的探索，提出“翡翠文化”的概念和操作建议。

基于“翡翠文化”，又提出翡翠城学校的办学理念和学校风貌要求。

我是翡翠城学校的学术总监，直接或间接经历了这所学校的筹备、建设和发展。与该校教职员工“翡翠人”一样，体味了其中的无比艰辛、无限快乐和无尽的思索。我用原始的素材，以纪实的方法，用图文结合的形式，在此书中记录了我的一些真切感受，以此表达对翡翠城学校设计者、建筑者、经营者的敬意，并永远留下这美好的纪念。

“初始之物，其形必陋”，但是“星星之火，可以燎原”。在民办教育迅速发展的今天，翡翠城学校作为一个新式样本，其所思所想、所作所为，可以为大家提供一些讨论的话题，想必这是一件很有意义的事。

翡翠城学校起步了！让我们祈盼翡翠城学校腾飞的那一天吧！

汪 潮

2018.2.24

目 录

第三部分 翡翠城之校

第一部分 翡翠城之城

第一章　城中城

“翡，赤羽雀也。出郁林，从羽，非声。雄赤曰翡，雌青曰翠。”

——《说文》

在中国古代，翡翠是一种鸟的名字，其毛色十分艳丽。通常有蓝、绿、红、棕等颜色，一般雄鸟为红色，谓之“翡”，雌鸟为绿色，谓之“翠”。

翡翠鸟是一种很美丽的鸟儿，其羽毛非常漂亮，可以做首饰。到了清代翡翠鸟的羽毛作为饰品进入宫廷，尤其是绿色的翠羽，深受宫廷贵妃的喜爱。

▲亭亭玉立的翠鸟

战国时期楚国人宋玉在其著名的《神女赋》中写道：“夫何神女之姣丽兮，含阴阳之渥饰。披华藻之可好兮，若翡翠之奋翼。”这里的翡翠指的是非常美丽的鸟儿。翡翠鸟又简称“翠鸟”。

小学《语文》三年级就有课文《翠鸟》，文中描写道：“翠鸟喜欢停在水边的苇秆上，一双红色的小爪子紧紧地抓住苇秆。它的颜色非常鲜艳。头上的羽毛像橄色的头巾，绣满了翠绿色的花纹。背上的羽毛像浅绿色的外衣。腹部的羽毛像赤褐色的衬衫。它小巧玲珑，一双透亮灵活的眼睛下面，长着一张又尖又长的嘴。”

翡翠一词除了作为鸟名被广泛流传使用外，更多时候则是作为鲜艳颜色的代名词，即翡红与翠绿。清代翡翠鸟的羽毛在宫中受到嫔妃们的喜爱，她们将其插在头上作为发饰，用羽毛贴镶嵌作为首饰，故其制作成的饰品都带有翠字，如细翠、珠翠等。与此同时，大量的缅甸玉通过进贡也进入了皇宫深院，为嫔妃们所喜爱。这些玉石的颜色也多为红色、绿色，且与翠鸟羽毛的颜色很相似。所以人们称这来自缅甸的玉为翡翠，渐渐地，这一名称在中国民间流传开来了。

由此，翡翠这一名称也由鸟名转为玉石的名称了。

▲翡翠宝石

“翡翠城”这个词原本是20世纪初美国童话之父莱曼·弗兰克·鲍姆在他的科幻童话《绿野仙踪全集》（刘丽丽译，北京时代华文书局，2016年8月）中想象创造的一个终极绿色环保城市的概念。美国环保智库落基山研究院称，地球上的“翡翠城”确实存在，只是组成这个“环保乌托邦”的绿色技术散落在世界各个角落。在未来，可以把全球最先进的环保技术集合在一起，打造出一个现实版的“翡翠城”，为世界各国建设未来环保城市建立了一个理想模型。

▲莱曼·弗兰克·鲍姆著童话《翡翠城》（2016年）

▲“翡翠城”模式

这个理想城市逐步由想象变成现实。2004年，浙江绿城控股集团和浙江铁路投资集团联合成立了杭州翡翠城房地产开发有限公司。经过长达13年之久的经营，已经把翡翠城建设成为杭州城西西溪板块的一个大型现代居住社区。这是真正现实意义上的翡翠城。

一、绿色环保大型社区

翡翠城坐落在杭州西部，东边紧邻10平方公里的杭州西溪国家湿地公园和杭州西溪印象城，南边紧沿杭徽高速公路，北边临近华东设计院等。社区呈十字形，分东南区、东北区、西南区、西北区4大板块，占地总面积约1400亩。区内有树、有花、有草，还有水，绿色环保，环境优美，整个小区被绿笼罩了。它是一个真正意义上的城市居住“绿色环保大型社区”。

▲翡翠城的环境

▲翡翠城最后开发的西北区块模型图（2018年交付）

二、绿城建筑之博物馆

翡翠城建有多层、高层、排屋、别墅等住宅。除了绿城产品中最常见的经典风格之外，地中海风格、法式风格、现代新古典风格等绿城集团最新的各类产品研究成果都在翡翠城一一呈现。可谓是绿城作品的精华集合，堪称“绿城建筑博物馆”。

▲翡翠城的环境

三、现代理想生活之城

▲翡翠城的一扇门

翡翠城作为绿城园区服务体系实践基地之一，全面导入健康医疗、文化教育、居家生活三大园区服务体系，100余项社区生活配套服务，引入绿城育华教育集团、翡翠社区卫生服务站、业主社团（少儿社、文艺社、运动俱乐部）、颐乐学院、社区巴士等，全方位营造和谐高端的社区氛围。还借鉴新加坡“邻里中心”模式，精心规划约5万平方米大体量商业中心“翡翠天地”。它有社区商业中心、运动中心、幼儿园、超市、酒店、医疗服务中心等，已经形成一个8000多户人家、约3万人口的大型城市社区，它可居、可玩、可购、可游，是杭州罕有的集生活、休闲、商业、娱乐、运动、教育等功能于一体的“现代理想生活之城”。

▲东南区会所（2014）

▲东南区健身房（2016）

翡翠城的建设是众人智慧的结晶。其中做出杰出贡献的人物有：周向阳先生、楼隽女士等。

▲汪潮教授（右）与浙江绿城控股集团总经理助理、翡翠城公司总经理周向阳（2017.10）

▲翡翠城学校校长助理陈兴苗（左）与翡翠城销售总监楼隽（2017.4）

第二章　城中校

2014年9月26日，浙江省铁投房地产集团有限公司翡翠城正式与杭州绿城教育投资有限公司签约，筹备组建杭州绿城育华翡翠城学校。

绿城教育的入驻，填补了翡翠城名校资源的空缺，对整个未来科技城板块而言都具有里程碑意义。自2004年浙铁集团联手绿城集团，以“理想社区”为蓝本打造“翡翠城”以来，一直致力于为客户创造价值，为板块增添活力。2009年引入绿城育华翡翠城幼儿园，带来板块内优质的学前教育。本次签约的绿城育华学校，是杭州唯一市直属私立重点学校，不仅能提供一站式精英教育服务，也将提升翡翠城的学习氛围和人文底蕴，标志着翡翠城正从完善的配套型居住区向可持续发展的幸福住区全面升级。

一、学校签约

2014年9月26日下午1点半，翡翠城与绿城育华学校签约仪式在项目西南区会所顺利举行。出席本次会议的嘉宾有：浙江省铁投房地产集团有限公司总经理顾其章、浙江省铁投房地产集团有限公司常务副总经理陈苏敏、浙江绿城教育投资有限公司总经理陈海克、绿城教育投资有限公司总经理助理王银初、绿城育华亲亲学校校长陆颖、杭州翡翠城房地产开发有限公司

▲翡翠城学校签约现场的领导和贵宾（2014.9.26）

执行董事董卫国、绿城翡翠城公司总经理周向阳等。

在致辞环节，浙江铁投房产集团总经理顾其章率先发言，他向到场的嘉宾介绍了引进绿城育华学校的初衷。“百年大计、教育为本，此次我们经过各方面的努力，为翡翠城引入了杭州的名校教育资源，不仅是要业主享受高品质的生活，还要为我们的下一代打造良好的教育成长环境，使翡翠城成为真正的小有所教、幼有所养的理想之城。”

▲浙江铁投房产集团总经理顾其章在翡翠城学校签约仪式上发言（2014.9.26）

▲浙江绿城教育投资有限公司总经理陈海克在翡翠城学校签约仪式上讲话（2014.9.26）

随后登台的绿城翡翠城公司总经理周向阳说：“能够和绿城育华学校合作，不仅极大提升了翡翠城的人文素质，也意味着项目的各项配套更为完备，翡翠城的未来更加美好。”对于此次合作，绿城教育投资有限公司总经理陈海克很是看好，他说：“今后，绿城教育将不遗余力地推进教育教学改革，不断提升办学品质，注重学生素质的全面提高，培养学生良好地适应未来社会发展的能力。我们有信心把未来的翡翠城学校办成余杭区，乃至杭州市的优质民办学校。”

▲翡翠城学校签约场景（2014.9.26）

之后是本次活动的高潮，在热烈的掌声中，陈海克与翡翠城公司执行董事董卫国在合约上签字，并交换文本。

翡翠城学校签约仪式现场速录

主题：翡翠城&绿城育华学校签约仪式暨媒体高峰论坛

时间：2014年9月26日

地点：翡翠城

主持人：尊敬的各位嘉宾、女士们、先生们，各位媒体同仁们，大家下午好！非常高兴来到这里，在这个代表收获的季节里，很荣幸能与大家相聚在翡翠城与绿城育华学校签约仪式的现场！今天让我们相聚于此，一起见证“国际公认的中国十佳民办学校”“杭州市文明单位”、杭城两大名校集团之一的杭州绿城育华学校签约翡翠城的荣耀一刻。

众所周知，创办于1993年的杭州绿城育华学校，是一所以优良的校风、学风，超一流环境著称的浙江省重点中学，也是杭州唯一一所市直属纯私立学校。翡翠城是浙江铁路投资集团联袂绿城集团在杭州城西西溪板块合力开发的大型社区，紧邻约10平方公里的西溪国家湿地公园，自然环境得天独厚，是杭州罕有的集生活、休闲、商业、娱乐、运动、教育等功能于一体的现代社区。

2004年，浙铁集团与绿城集团，共同怀着对高品质幸福住区的孜孜追求，入驻西溪板块。所有的一切起源于潜心竭力的规划，精工百炼的建筑与一草一木皆精雕细琢的园林建设，终归于品质生活的营造。而今，翡翠城俨然已经成为西溪板块和谐美丽的人居乐士，成为人人爱慕的“理想之城”。

十年树城，百年育人，今天我们一起来见证翡翠城与绿城育华学校的合作签约，仪式开始之前，请允许我介绍今天到场的各位嘉宾：

浙江省铁投房地产集团有限公司总经理顾其章、常务副总经理 陈苏敏

浙江绿城教育投资有限公司总经理 陈海克

绿城教育投资有限公司总经理助理 王银初

杭州绿城育华亲亲学校校长 陆颖

杭州翡翠城房地产开发有限公司执行董事 董卫国

绿城房地产集团有限公司总经理助理、翡翠城公司总经理 周向阳

同时感谢今天到场的媒体朋友们，谢谢各位！

接下来让我们首先有请浙铁房地产集团有限公司总经理顾其章上台致辞，有请！

顾其章：尊敬的各位领导、各位来宾、女士们、先生们，大家下午好！

今天我们共同出席翡翠城与绿城育华学校的合作签约仪式，见证翡翠城的历史性发展时刻。我谨代表浙江省铁投房地产集团有限公司，向关心支持翡翠城的社会各界表示最衷心的感谢！对出席本次活动的各位来宾，媒体朋友们，表示最热烈的欢迎！

浙铁集团作为一家大型省属国有企业，始终秉持国企的责任与担当，以“浙铁精神”努力践行发展，在大力推进浙江铁路现代化的同时，在科技化工、房地产、装备制造、金融服务等领域培育了一批业内的优秀企业，并彰显了国有企业社会效益与经济效益并重的良好社会形象。近年来，浙铁房产秉承大道铸成的核心价值观，对产品精益求精；对客户以诚相待；对团队关怀友爱，共赴理想；对伙伴共创共赢，依托集团强大的资源优势，布局长三角、苏浙沪地区，相继开发了多个标杆性项目，获得了浙江城镇化十大功勋房地产企业、先进房地产企业等一系列荣誉称号，赢得了社会和客户的广泛好评，坚定而有力地走在了和谐社会践行者、社会价值创造者的道路上。

杭州翡翠城项目作为浙铁集团与绿城集团合作的首个项目，具有十分重要的战略性意义，我们将携手绿城集团继续发挥资源优势和管理优势，打造建筑品质优良、配套设施完善、园区服务全面、入住者满意的高品质人居大盘。百年大计、教育为本，此次我们经过各方面的努力，为翡翠城引入了杭州的名校教育资源。不仅是要业主享受高品质的生活，还要为我们的下一代打造良好的教育成长环境，使翡翠城成为真正的少有所教、幼有所养的理想之城。

今年是翡翠城的第十年，我们相信随着绿城育华学校的入驻，翡翠城的居住环境会更好，我们的业主和孩子们会更幸福。在这里，祝愿翡翠城以及翡翠城的业主和孩子们拥有一个更美好的明天。

最后，祝大家身体健康，合家欢乐，谢谢！

主持人：谢谢，接下来有请绿城集团总经理助理、翡翠城公司总经理周向阳上台致辞，有请。

周向阳：尊敬的各位领导、各位来宾、女士们、先生们，大家下午好！

十年树城、百年育人，孩子是祖国的未来，为孩子们创造更美好的明天，一直是绿城生活方式的一部分。在翡翠城，2009年绿城育华幼儿园带来板块内最优质的教育资源。现在随着绿城育华的即将签约入驻，翡翠城将成就大城西教育资源最优越的全龄段的素质学区房。众所周知，绿城育华学校隶属于杭州市五大名

校集团之一，杭州绿城育华教育集团历年来在西湖区乃至全市，都是家长们关注的重要学校。能够和绿城育华学校合作，不仅极大提升了翡翠城的人文素质，也意味着项目的各项配套更为完备，翡翠城的未来更加美好。

在翡翠城，绿城集团与浙铁集团的强强联手，不仅向业主保证了安全、宁静、清洁的居住环境，还通过绿城首创的园区生活体系提供颐乐学院、社区会所、社区巴士等多项内容，充分满足业主对生活、休闲、商业、娱乐、运动、交通、教育的多层次需求，呈现出一种理想化的居住状态。

各位来宾，女士们、先生们，一个好的生活园区会对一个城市生活方式、文明程度产生潜移默化的影响，尤其是对于那些正向城市居民转换的群体，绿城将始终坚守自己公司的理想，以一种理想主义的姿态，与每一位员工发自内心的善意与真诚，达成人与人相互关爱和社会和谐，创造更多的城市美丽，谢谢!

主持人：众所周知，绿城集团是中国房地产领域中最高荣誉的获得者，与此同时，绿城将教育视为归属和事业，是绿城人文主义和理想主义文化理念的充分体现。绿城教育以培养具有理性精神、健全人格、深厚文化素养和强烈责任意识，成为未来社会栋梁的公民为己任，踏踏实实一步一个脚印地建设一流的名校、名园。因此，绿城教育选择将育华的优质教育资源注入翡翠城，也是情理之中。

接下来有请绿城教育投资有限公司总经理陈海克为我们致辞，掌声有请!

陈海克：尊敬的各位领导、各位来宾、女士们、先生们，大家下午好!

很高兴出席今天的签约仪式，翡翠城公司以投资建设翡翠城学校，我们认为这是投资回报社会、积极承担社会责任的公益行为。对此，我们对翡翠城公司的投资者表示深深的敬意。绿城教育自2001年成立至今，始终秉持崇高的社会责任感与教育理想，坚持仁爱求真的核心价值观，以培养具有理性精神、健全人格、深厚的文化素养、强烈责任意识和普适人文价值情怀的现代公民为己任。先后创办了育华学校、育华小学、育华足球学校、育华亲亲学校以及八所育华系列幼儿园。截至2014年7月，各教育单位共向社会输送了幼儿园至高中的毕业生17377名。目前在各类学校的学生达到了8021人，拥有教职工1000余人。绿城教育办学十年硕果累累，优秀的教育品质获得了社会的广泛认同。

今年，育华学校首届“美加班”毕业生，100%地进入了美国前一百所高校。育华初中中考成绩则由2010年的西湖区第八名跃居今年全区第二名。九年一贯制的亲亲学校，优质高中上线率由2012年51.1%，上升到2014年69.8%。育华小学成为杭城广大家长热捧的学校之一。多数幼儿园也得到了所在区域的居民好评。绿城教育多年来坚持“四化一心”的办学路子，已形成独具特色的教育体系。育华高中被评为浙江省首批一级特色示范高中；育华初中实行个性化分层次教育，因材施教，成效显著；育华小学形成了鲜明的小班化特色和寄宿制管理；九年一贯制的亲亲学校，则坚持自己特有的办学路子，积累了丰富的办学经验；各幼儿园则形成了健康教育、双语教育以及幼儿品格教育三大特色，目前正在实施做阳光使者，育彩虹宝宝的彩虹计划。今后，绿城教育将不遗余力地推进教育教学改革，不断提升办学品质，注重学生素质的全面提高，培养学生良好地适应未来社会发展的能力。

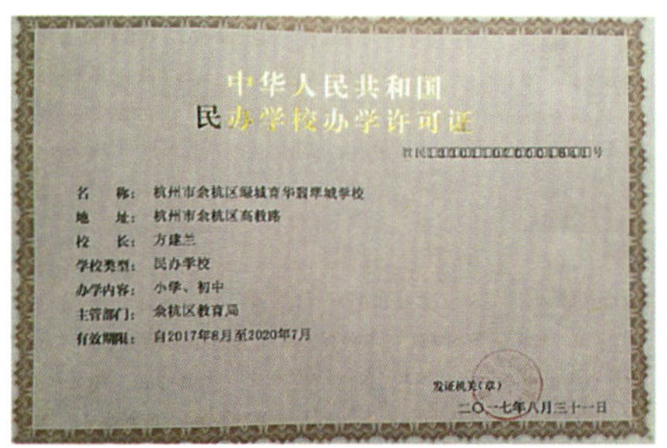

中华人民共和国
民办学校办学许可证

名　　称：杭州市余杭区绿城育华翡翠城学校
地　　址：杭州市余杭区高教路
校　　长：方建兰
学校类型：民办学校
办学内容：小学、初中
主管部门：余杭区教育局
有效期限：自2017年8月至2020年7月

发证机关（章）
二〇一七年八月三十一日

▲翡翠城学校办学许可证（2017.8.31）

我们有信心把未来的翡翠城学校办成余杭区，乃至杭州市的优质民办学校，以此回报社会各界对我们的厚爱，谢谢大家！

主持人：谢谢，接下来我们将迎来翡翠城与育华学校的签约仪式，首先掌声有请陈总上台，与翡翠城公司执行董事董卫国一起进行签约！

同时又请顾其章先生、陈海克先生、周向阳先生、王银初先生、陆颖女士以及龙文军先生一并上台，作为本次签约仪式的见证人！

（签约仪式）

主持人：各位领导、各位嘉宾、各位媒体朋友，今天的翡翠城与绿城育华学校签约仪式到此结束了，再次欢迎各位的莅临，谢谢！

▲翡翠城学校成功签约（2014.9.26）

二、学校构架

（一）整体建构

当前，由于许多学校对学校发展缺乏整体的考虑，孤立地看待学校发展中的问题，往往人为地割裂了学校内部各种因素之间的相互联系，造成各种各样“分散化”“碎片化”，乃至“细碎化”现象。针对这些现象，翡翠城学校提出“整体建构”的指导思想。

学校构架的设计就是一个先分解任务、再协调整合的过程。

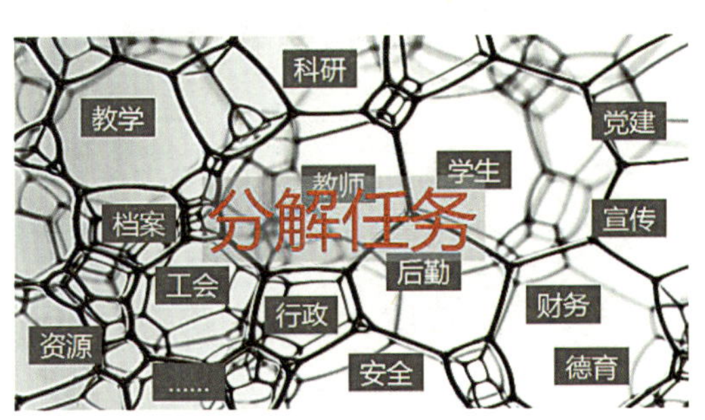

“整体建构”涉及学校发展的未来方向、愿景使命、总体目标和实施路径，是基于当前学校教育发展现状而提出的学校系统变革和整体创新的思路。

根据绿城育华教育的多年实践，“整体建构”包括价值观、方法论和“操作体”三个层面，三者上下衔接、相互关联、形成体系。

1. 价值观的确立是“整体建构”的前提

它要求回答“学校是什么”“学校具有什么使命”等一些基本问题，其核心是学校的办学理念。

2. 方法论的建立是“整体建构”的关键

这要求运用系统性思维和整体性思维，分析学校的本质内涵，分析实现学校目标的各种要素之间的逻辑关系及其相互影响，建立起分析学校事物内在逻辑及其间关系的整体框架。

“整体建构”的方法论原则有三：（1）学校是一个整体结构，任何一个要素如果离开了特定的整体或失去了整体的支持，就失去了应有的功能。（2）整体大于部分之和。整体功能是由各部分功能组成的，但它不是处于无序状态下部分功能的简单相加，而是在功能的程度上更强，甚至会改善功能的性质。（3）实践的最优化。结构改变功能，“整体建构”能更好地描绘和预测学校发展的变化规律，增强和创新学校功能，从而实现最佳的学校发展目标，获得最佳发展成果。

3.“操作体”旨在提供更为丰富的操作平台和实践载体，主要有制度、课程、学校文化、活动载体、主题平台等，使用工程、计划、模式、行动、策略等词语来标识，以区别于传统的学校发展模式。

（二）学校规划

1. 学校设计图

翡翠城学校由浙江省工程勘察院勘测，由大象建筑设计有限公司设计，由浙江文华建设项目管理有限公司监理。设计使用年限50年。

学校东边是法式建筑，从北往南看，就是一个“玉”字。学校西边是一个标准化的圆形操场。一直一曲，一刚一柔，使翡翠城学校呈现出特有的美感和翡翠文化的“玉”感。

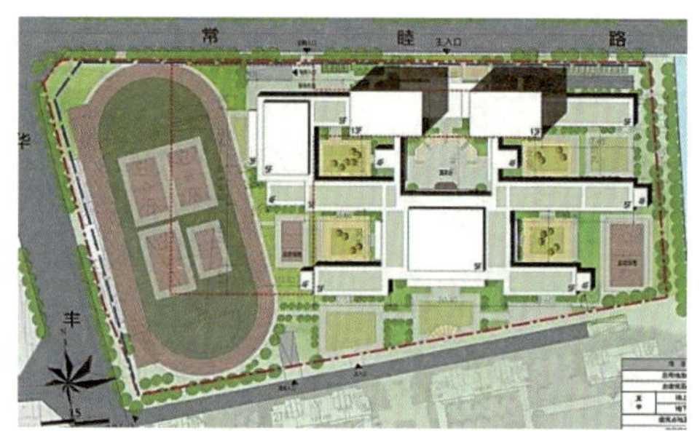

▲翡翠城学校设计图（2014年设计）

2. 学校施工图

翡翠城学校由浙江省三建建设集团有限公司于2016.4.26—2017.6.2施工建造。

▲翡翠城学校鸟瞰图（2016.4.26—2017.6.2建筑施工图）

▲翡翠城学校由浙江省三建建设集团有限公司承建（2016.11.8）

项 目		指 标
总用地面积		32986m²
总建筑面积		55461m²
其中	地上建筑面积	47135m²
	地下建筑面积	8326m²
建筑占地面积		8220m²
建筑密度		25%
容积率		1.43
绿地率		35.0%
建筑高度		50m
机动车停车位		228个
其中	教工停车数量	20辆
	公共车位数量	150辆
	接送车位数量	58辆

▲2016年公布的效果图，学校尽显绿城范儿

3. 校园规划

校园是学生学习、生活的地方，是他们成长的摇篮，也是实现他们理想，放飞梦想的地方！对于每一位学生来说，良好的校园环境给他们带来的是温馨、舒适的学习和生活状态。正如陶行知先生所讲：要把教育和知识变成空气一样，弥漫于宇宙。

校园总体规划是学校进行校园建设的总纲，是建设高品位、现代化校园必不可少的基础性工作。应该根据学校事业发展规划，结合可持续发展的要求，按照“布局合理、功能齐全、环境优美、适度超前”的原则，认真编制校园总体规划。

（1）校园规划的基本理念

◎功能分区合理。中小学校园规划教学区、生活区、运动区，必须功能分区明确且交通方便，便于联系。

◎校园特色明显。校园规划有固定的套路，但固定套路的灵活运用则能使校园产生特色。新建校园的设计必须在规划中传承文化和地域特色，营造反映各自学校人文精神和特色的校园环境，如紧凑型校园或开阔型校园、精致型校园或明快型校园。

◎生态环境优良。理想的校园环境应该是一个与大自然和谐发展的空间，是一个以人为本，创造宁静、优美的自然生态空间。

在生态环境建设上要因地制宜，突出特色性，要充分利用现有地形，尽量使用本地树种，以绿为主，突出景观美，使校园环境满目苍翠、鲜花盛开，以宜人的景观来消除师生们的各种压力；要从小环境分析，充分了解周边空间环境，最大限度地利用各种条件来组织景观，从而形成特有的区域特征。

对学校周边的围墙要“透空化”；既达到丰富校内景观，又改善周边生态。学校出入口要“宽敞化”，避免进入校园时给人的压抑和拥堵感。

◎可持续发展。校园规划应充分考虑到未来的发展，规划要富有弹性，适应未来变化，满足可持续发展。

（2）单体校舍与整体规划的协调

◎建筑单体之间应相互协调、相互沟通和有机关联，以形成道路和外部空间的整体连续性。

◎外部装修从校园整体风格出发，建筑物和景观应该成为整个学校整体系统中的一个单元。

◎外部空间和建筑空间的设计是不可分的，必须要密切联系。

学校环境文化，具体指的是学校建筑文化的创设，如学校建筑的布局，各种建筑物的命名，校门、大型壁画、场馆的设计与修建；学校的绿化与美化，如绿化景点、场地划分、道路走向和标志雕塑等的创作与修建；学校各个大型建筑物，如办公楼、教学楼、实训楼、图书馆和体育馆等的分布，教室、餐厅和走廊等的布置；校园网、黑板报、橱窗、阅报栏、标语牌、广播、多媒体教学仪器方面的设置等。这些学校的硬件，如果能让它们都具备独特的风格和文化内涵，也能潜移默化地影响学校群体成员的观念与行为。要坚持以“文化品位、现代信息、人文精神”为理念，着眼于学校布局的美观整齐和谐统一，着眼于环境建设文化氛围对师生的熏陶和感染。

（3）校园绿化

◎为师生创造一个防暑、防寒、防风、防尘、防噪、安静的学习和工作环境。

◎通过绿化、美化，陶冶学生情操，激发学习热情。利用绿地开辟英语角、读书廊等活动场所，丰富学生的生活，提高学生的学习兴趣。

◎通过美丽的花坛、花架、花池、草坪、乔灌木等复层绿化，为广大师生提供休息、文化娱乐和体育活动的场所。

◎通过校园内大量的植物材料，可以丰富学生的科学知识，提高学生认识自然的能力。培植丰富的植物种群，通过挂牌标明树种，使整个校园成为生物学知识的学习园地。

校园建设具有学校性质多样化、校舍建筑多样化、师生员工集散性强及其所处地理位置、自然条件和历史条件各不相同等特点。学校园林绿化要根据学校自身的特点，因地制宜地进行规划设计、精心施工，显出各自特色并取得优化效果。

◎与学校性质和特点相适应。学校的绿化除遵循一般的园林绿化原则之外，还要与学校性质、级别、类型相结合。校园的绿化要丰富，形式要灵活，以体现学生活泼向上的特点。

◎校舍建筑功能多样。校园内的建筑形体应多种多样，不同性质、不同级别的学校其规模大小、环境状况、建筑风格各不相同。学校园林绿化要能创造出符合各种建筑功能的绿化美化的环境，使多种多样、风格不同的建筑形体统一在绿化的整体之中，并使人工建筑景观与绿色的自然景观协调统一，达到艺术性、功能性与科学性相协调一致。各种环境绿化相互渗透、相互结合，使整个校园不仅环境质量良好，而且有整体美的风貌。

◎师生员工集散性强。在校学生上课、训练、集会等活动频繁集中，需要有适合较大量的人流聚集或分散的场地。校园绿化要适应这种特点，有一定的集散活动空间，否则即使是优美完好的园林绿化环境，也会因为不适应学生活动需要而遭到破坏。

园林绿化建设要以绿化植物造景为主，树种选择无毒无刺、无污染或无刺激性异味，对人体健康无损害的树木花草为宜；力求实现彩化、香化、富有季相变化的自然景观，以达到陶冶情操、促进身心键康的目标。

◎绿地指标要求高。教学区、行政管理区、学生生活区、教职工生活区、体育活动区以及卫生保健区等功能分区，都应根据国家要求，进行合理分配绿化用地指标，统一规划，认真建设。园林绿化规划应与全校各功能分区规划和建筑规划同步进行，并且可把扩建预留地临时用来绿化。

（4）校园安全

学校是众多学生聚集、活动与学习的重要场所，学生的安全更是一项重要的公共责任。“没有安全的学校，学习就不可能发生。”因此，如何防范意外事件的发生，使学校、社会能在安全中求稳定，在稳定中求进步与发展，已是当前刻不容缓的工作。校园安全管理对于当前学校教育来说，具有相当重要的意义。

一是建筑与设备的安全管理。

◎校园建筑管理。

◎消防安全管理。

◎水电设备管理。

◎自然灾害管理。

◎运动游戏器材管理。

◎设备管理。

二是教学及校园生活安全管理。

◎一般教学安全管理。

◎实验安全管理。

◎校外活动安全管理。

◎学生嬉戏伤害及运动伤害防治。

◎交通安全管理。

◎饮食安全管理。

◎校园公共卫生管理。

◎校园暴力防治。

◎校园门卫管理。

▲翡翠城学校监控中心（2017.9.1）

（5）学校卫生

学校卫生工作的主要任务是：监测学生健康状况；对学生进行健康教育，培养学生良好的卫生习惯；改善学校卫生环境和教学卫生条件；加强对传染病、学生常见病的预防和治疗。

▲翡翠城学校校园防虫害（2017.9.11）

（6）校园网

校园网就是在校园内通过综合布线系统（有线或无线）把服务器、网络设备、软件和用户终端合理地连接起来的局域网系统，并可通过广域网的互联实现远距离交流和资源共享。是为学校师生提供教学、科研、管理和综合信息服务的多媒体网络。

校园网的建设宜遵循“统筹规划、整体设计、统一标准、分步实施、逐步完善”的原则。校园网的建设应结合学校长远发展规划和互联网技术的未来发展，将基础设施建设、教学软件建设和人员培训统筹规划。建设校园网时要做出一个整体的设计方案，综合布线要一次到位，重点抓好实际应用技术的建设。

校园网的建设必须根据学校自身的实际需求以及资金、师资力量等因素来确定建设的标准，做到“整体设计，按需分步实施”，采用叠加的装备建设方案，减少不必要的浪费。

（7）教学仪器

教学仪器设备是基本的办学条件，是教育现代化的手段和教育事业发展的物质基础，特别在以实验为基础的学科中，其重要性越来越明显。

对教学仪器性能的基本要求：一是教学仪器的性能应做到科学、适用、安全、牢固。二是教学仪器应正确地反映科学规律和自然现象，防止形成错误认识。三是教学仪器应能体现教学思想，有利于启发学生思维，增强学习性，有助于学生认识问题和掌握所学内容，训练实验技能，培养观察和分析问题的能力。

在教学仪器中，最重要的要数计算机设备。运用现代教育理论和技术，通过对教学过程和资源的设计、开发、应用、管理和评价，以实现教学现代化的理论与实践。要注重信息技术与其他课程教学的双向整合，这种整合既有信息技术和学科课程的整合，也有学科课程和信息技术的整合。

有了信息技术的支持，教研活动的内容与传统内容相比，可更多地借鉴丰富的网络资源、探讨课件的制作与多媒体的应用。教研活动的形式也可以利用网上互动技术进行交流，比如在网上现场直播公开课，随后利用即时互通的网络软件进行多端点视频或音频交流。还可以制作各级教研论坛，让教师们能随时进入相关学科的论坛进行提问、交流、上传有价值的资料进行共享。

（8）后勤管理

学校后勤管理工作，是学校整体工作的重要组成部分，名为后，实为先，是其他各项工作的基础和前提条件。只要认真细致、努力创新地搞好学校后勤工作，就能为学校的教育、教学工作提供动力和保障，就能使学校的所有工作有良好运转的局面。

翡翠城学校后勤人员的综合素养要求是：

◎较高的道德素养。后勤管理者要办事公道，作风正派。所谓公道，就是以广大人民的根本利益为最高准则，识大体，顾大局，讲团结，待人处事公平合理，不偏不倚。所谓正派，就是襟怀坦白，光明磊落，举止行为端庄正派。

◎无私的奉献精神。每一个后勤人员都要树立主人翁意识，积极发挥主观能动性，以优质的服务态度、灵活多样的服务形式为教育、教学服务，为教职工排忧解难。学校后勤工作摊子大，任务重，困难多，而服务对象往往又是要求高，体谅少。后勤人员虽然整天辛辛苦苦，忙忙碌碌，还是“众口难调”。因此，后勤人员应当具备任劳任怨、埋头苦干、勤勤恳恳，甘当无名英雄的奉献精神。有了这种精神，才能正确对待名与利、苦与乐、荣誉与地位，才能把后勤工作做好。

◎一定的创新品质。作为后勤人员必须思想解放、头脑灵活，要善于打破旧的管理模式，建立适应社会要求的新的管理体制，要敢于出点子、当参谋，不断改革、不断创新、不断开拓进取，以推动学校工作的开展。后勤人员要与时俱进，不能墨守成规。

后勤管理的要求是：

◎服从和服务于中心工作。教育、教学是学校的中心工作，后勤工作的宗旨就是为教育和教学服务的。学校后勤的一切工作都要围绕这一宗旨来进行。为此，后勤工作人员不但要树立全心全意为教育、教学服务的思想，还要懂得教育、教学的规律和后勤工作的规律，要根据教育、教学工作的需要和实际情况的变化，不断调整自己的工作部署，要以优质周到的服务去促进教学、科研的开展，充分调动师生学习和工作的主动性和积极性。这样才能更好地做好服务工作。

◎过程管理与目标管理相结合。确定后勤管理工作的目标固然重要，但是，后勤工作的过程管理也不可轻视。从服务的角度来看，要使师生员工满意，就必须不断地对后勤工作人员进行教育，以督促他们不断改善服务态度；也必须不断地检查和督促后勤工作人员的工作，以不断提高他们的服务质量。从安全的角度来看，设施和设备的安全隐患随时都可能出现，因此，必须经常不断地对它们进行检查和维修，以便发现和排除隐患。从财务管理的角度来看，更要做到日清月结，否则就会一塌糊涂。后勤管理贵在平时，重在过程。

◎优化资源配置。 无论是钱，还是物，对于学校来说，都是相当有限的。因此，要优化配置人力、物力、财力等资源，争取使有限的资源得到充分合理的利用，最大限度地满足教育和教学工作的需要。要充分发挥有限资源的作用，以取得最大的经济效益和社会效益。要坚持该原则，就要合理有效地使用人、财、物、时间等资源；要把有限的资金用在刀刃上，做到人尽其才，物尽其用。

◎勤俭是一种传统文化。当前，学校经费不足、教学设施不齐仍制约着学校的发展，为了学校有效正常运转还必须注重勤与俭。学校后勤工作要注重勤还要注意俭。俭是节约、是节省、是节制。办学虽不能因陋就简，但也不能铺张浪费，后勤工作人员，应从节约一支粉笔、一张打印纸、一滴水、一度电做起，能维修的坚决维修，能重复使用的绝不一次性使用。

◎以人为本。在学校管理中，后勤人员若能主动热情地为师生提供超前、优质、高效的服务，就必然会大大促进和推动学校其他工作的开展。因此，调动后勤人员的积极性和创造性是非常重要的。学校的管理者要善于运用科学而艺术的工作策略，变简单的行政命令为指导激励，使后勤人员的积极性充分迸发出来。人是管理的第一要素，管理者只有重视人、关心人，满足后勤人员的正当需要，坚持以人为本，把人的文章做好了，人的积极性调动起来了，后勤管理才会到位，后勤工作的服务功能也才会真正得到充分发挥。

（三）发展计划

在翡翠城学校的筹备时期（2017年2月底—2017年8月底），方建兰校长就学校发展带领大家进行了三次专题研讨。

▲翡翠城学校筹备处（2017.2.28）

▲方建兰校长在翡翠城学校筹备处办公室（2017.6.10）

1. 教职员工茶话会

2017年6月4日，翡翠城学校在杭州的外桐坞召开了第一次全体教职员工茶话会。参加人员有：浙江外国语学院小学教育研究所所长汪潮教授、杭州绿城育华小学老校长申屠杭西以及翡翠城学校早期教职员工。

▲汪潮教授（右）与申屠杭西老校长（2017.6.4于外桐坞村）

▲翡翠城学校第一次全体教职员工茶话会现场（2017.6.4）

▲翡翠城学校校长方建兰（右）与学术总监汪潮教授在第一次全体教职员工茶话会上握手（2017.6.4）

▲翡翠城学校第一届中层干部合影（2017.6.4）

在大家交流之后，浙江外国语学院小学教育研究所所长汪潮教授做了发言。

缘·道·梦

——汪潮教授在全体教职员工外桐坞茶话会上的讲话

（华丽佳录音并整理）

今天我主要想讲三个字：一个“缘”，一个“道”，一个“梦”。

先讲讲“缘”字。我们都说，相聚是一种缘。今天，这个“缘”可以从三个方面来说，第一个是“杭州之缘”，刚才大家交流时，我听到有很多来自其他省市的老师，大家能够在美丽的天堂相识，茫茫人海，相聚在一起，从相识到相知最后相爱。这么一个过程，是人生的一大乐事。如果没有缘分，没有情感，做事是很被动的。杭州这个地方，是非常结缘的一个地方。我自己本来也想调到上海去，上海师大的调令函都来了，但是最后我没走成，说明我还是很舍不得杭州的，我很是欢喜这么一个山清水秀、人杰地灵的地方。第二个缘是“绿城育华小学之缘”。她是杭州民办学校办得最好的学校之一，所以绿城育华是很有知名度的，招生也这么火爆。十几年来，绿城育华这个品牌跟申屠校长的勤劳、冯晨校长的努力是分不开的，跟育华的老师们也是分不开的。所以能够进入这个团队是不容易的，这真的是一种缘分。现在绿城育华有三个校区，翡翠城学校是其中的校区之一，我们现在还是要根据绿城育华的理念来做事情，要继承她的思想和理念，同时也要逐步地发展、创造、超越。第三个是“同事之缘”。今天我们十几个人在一起，就是一个大缘分，有老前辈，有绿城育华小学原来的员工，还有新的战友，大家能够在一起，真是前世修来的缘。这个缘分慢慢地从小的缘分，到中的缘分，最后到大的缘分，这样我们才会在翡翠城学校生活和工作得愉快、幸福。

再讲讲“道”。“道理”的“道”。做任何事情都要讲个“道”。第一，要考虑办学之道，因为办学是为了实现某种理念。当老师不是说我只是来上课的，把课上好就可以了，你是为了教孩子、为学生而来的，不只是为了学科，比如体育、音乐、美术而来的。这需要有“全人教育”的观点。大家是为了教育，为了教孩子，为了教全人而来的，不是为了这个学科而来的，这就是“道”。如果我们这样思考问题，就站得高，看得远。第二，要考虑课程建设之道。新的学校，课程是学校的生命力。课程代表着学校的水平，它是学校的里程碑。所以，我真诚地希望翡翠城学校在课程建设方面能走在全省的前列。课程相当于中午吃饭的菜肴，菜肴怎么配，这是具有决定意义的，至于中午怎么吃饭——是用筷子吃、用刀吃、还是用调羹吃——这就无所谓了，是次要的。所以在某种意义上，内容具有决定意义。翡翠城学校的课程建设，我也会助一臂之力。课程建设有两个基本思路，第一个思路是一、二年级要更多的考虑“全课程”，学科之间不要分得太细；第二个课程建设的特色在哪里呢？特色在语文，可以用语文的识字、写字、阅读、习作为主线进行整合。因为现在有些小学的课程，动辄搞活动，活动不搞不行，搞得太多也是不行的，所以这个度要把握好。第三，要遵循教师发展之道。因为大家都是年轻人，所以要发展自己，壮大自己，作为校长要成为名校长，作为年轻教师要成为名教师，这是逐步提升的一个过程，要时刻提醒自己的专业成长。我建议学校对教师培训的时间、经费要充分保证。各科名教师的专业工作室也要建立起来。

最后讲讲“梦”。现在翡翠城学校刚开始，百业待兴，非常艰难，万事开头难，需要大家协同合作。要采用项目负责制，多劳多得，优劳优得。有三个梦，第一个是“翡翠之梦”。我建议：进入翡翠城学校，大家都要佩戴翡翠。平时的待人处事要想到翡翠。我曾经草拟过翡翠城学校的文化，提出了一些思路。翡翠有三个特征：一是晶亮透明。做事心情要开朗，透明度要大，公布于众。二是非常坚硬。我们要有战胜困难的信心和勇气。三是颜色是五彩六色的。“翡”是红色，“翠”是绿色，而翡翠最典型的颜色是绿色。所以学校要搞绿色教育、绿色课堂。在校园建设中要尽量把翡翠的元素增加进去。这是永恒的，这个特征具有决定意义，千万不要忽视。第二个梦是“名师之梦”。我们到这个学校里来，要人人立志成为名师，优秀的名师要成为更卓越的教师。第三个梦是“名校之梦”。我们办学，起点要低，要求要高。这是道家的观点，我比较喜欢道家的思想，随意一点、简单一点、自然一点、本源一点。为此，我提出几个建议，供大家思考：第一个建议是我们要有自己的拳头产品，要有自己的特色。第二个建议是不要简单地跟人家比。每个学校的背景、条件、文化等都是不一样的，无法简单对比。第三个要立志。现在亲亲学校已经在托管公办小学了。这是有史以来没有的，民办小学来管理公办小学？但现在已经梦想成真了，也不是不可以呀。

▲翡翠城学校第一张“全家福”（2017.6.4摄于外桐坞村）

根据这个“梦”我有几个发自内心的建议。第一，要考虑上下级关系，你是负责什么的，你上面还有什么，界限要有个认定，要逐级做事，有一定的组织性、系统性。学校的管理体制是扁平化的，简单一点，工作效率

才能提高。第二，要考虑同事之间的关系，人际关系要和谐，互相尊重、欣赏，有不同的意见可以善意地提。第三，师生关系要和谐，朋友式的关系比较好。最后，要处理好与家长的关系。家长的口碑对学校的招生、知名度以及发展都具有重要影响，家长的评价和意见我们一定要以诚相待，妥善处理。

谢谢大家！

2. 课程研讨会

2017年6月10日，借用翡翠城售楼部会议室召开了翡翠城学校课程建设研讨会。出席的专家有全省著名的小学各学科特级教师：

课程专家：浙江外国语学院小学教育研究所所长汪潮教授

小学语文：宁波市海曙区小学语文教研员、特级教师张敏华

小学数学：杭州市富阳区小学数学教研员、特级教师吕立峰

小学道德与法治：杭州市教研室副主任方丽敏

小学英语：浙江省教研室英语教研员郑文

小学科学：杭州市滨江区科学教研员、特级教师姜向阳

小学音乐：杭州市下城区音乐教研员、特级教师徐慧琴

小学美术：杭州市学军小学紫金港校区美术特级教师李勤

小学体育：杭州市临安区玲珑小学体育特级教师许强

幼儿教育：杭州市江干区兰苑幼儿园园长、特级教师余胜兰

▲翡翠城学校课程研讨会专家合影（2017.6.10）

▲宁波市海曙区小学语文教研员、特级教师张敏华发言（2017.6.10）

▲杭州市富阳区小学数学教研员、特级教师吕立峰（右一）发言（2017.6.10）

▲浙江省教研室英语教研员郑文（右）发言（2017.6.10）

▲汪潮教授与陈贤彬老师等讨论课程建设问题（2017.6.10）

主题讨论

问题：课程内容有没有必要整合？怎样整合得好？你建议怎么整合？学科拓展型课程建议哪些课程？

郑文老师：小学英语一年级开设。不要因为我们是要面向国际的，就把课程开设得太多。英语建议每周三课时。假如说有富余的，建议和体育、音乐课结合，比如说我们有一个外教要有什么球类的专长，我们开一个球类的，渗透在里面就可以了。

方丽敏老师：开好、开足道德与法治课，每周两课时，这是省厅文件规定的，不能动。有些内容，可以整合地引进来，但是必须以道德与法治课的国标课程为主。

吕立峰老师：小学数学总共八个课时，其中四个单元涉及数的认识和计算，要教好这四个单元很简单，把数字的分与合做实了就可以了。留下四个单元，我建议整合成三个单元：位置、图形和钟表利用数学游戏的形式整合。准备课这个单元蛮简单的，就是多少的认识和一到十数一数。我想这可以和入学课程相结合。多出来的时间就可以开展拓展性的课程。拓展性的课程要面向前三分之一的学生，主要是数学的活动课或者说数学的游戏课。要注意这几点：第一是兴趣，第二是思维，第三是知识。这三点要融合进行开发，开发的样例有机会和数学老师进行分享。

张敏华老师：我们可以加强学科之间的融合，主要从主题进行，各个学科坐在一起聊起来会发现学科之间有一些主题是融合的。要研究这些主题能不能进行整合？剩余下来的时间可以开设更多的拓展性课程。就像开学初的内容是完全可以整合的，语文开学初“我上学了”，道德与法治课也有类似的内容，数学也有“习惯的培养”。

（方校长提出疑问：问题在于这样的内容放在什么课里上？整合起来的课时从哪里来？课程由谁来主导？不能否定课程的特性。）

李勤老师：课外整合是非常难的，我们探索比较可行的就是课内整合。我建议：美术每周两课时，可以两课时一起上，相当于80分钟。对于低段来说，课本上的内容其实60分钟就可以完成了，还有20分钟可以根据老师的兴趣、专长、特性来60+20的长短课。20分钟是补充自己的东西，比如有些老师对陶艺比较感兴趣。60分钟是要完成省编教材的。还有一个整合：一个年级四个老师，把内容分成板块，创作课这个老师上，文化课另一个老师上。这样的话就是两种方式，一个是长短课，另一个是四个老师上同一门课。老师完全可以开出非常好的、丰富的拓展课。

姜向阳老师：小学科学是一周一个课时，一学期也就是十六七节课。所以我们在编写国家课程的时候就是考虑编写13节课的。那么剩下的两三个课时就可以自己增加内容。科学的内容是大单元统整。概念的形成必须经历比较长的时间。小学一年级只编两个单元，比如说一个植物单元，一个比较测量；比如一个动物单元，一个我们的周围。一个学期就涉及两个领域两个单元，到了四年级可能就是三个单元。要是有拓展的话也建议根据这六个课时的内容去拓展，这是为了帮助学生概念的形成。如果说两个完全不搭的内容，可能对他概念的建构没什么帮助。

许强老师：在构建拓展性课程的时候，很重要的是思考怎样把国家课程落地，特别是体育。一周四节体育课要研究怎么按照国家的要求把这“走、跑、跳、投”给夯实。

3. 办学思想讨论会

2017年7月3日，翡翠城学校教职工在杭州绿城育华小学会议室召开了第三次全体教职员工关于办学思想的讨论会。参加人员有：浙江绿城育华教育集团总经理陈海克先生、浙江外国语学院汪潮教授、杭州绿城育华小学老校长申屠杭西以及翡翠城学校教职工。

胸怀理想　　砥砺前行

——记2017翡翠城学校教师研讨会

夏日，绚丽多彩的云霞装点着湛蓝的天空，阵风骤雨宣告着七月流火的力量。绿城育华翡翠城学校全体教师暑期培训如期举行。培训从“我们胸怀怎样的教育理想？”“我们做怎样的老师？”“我们营建怎样的小班？”“我们构建怎样的课程？”四个主题展开。

我们胸怀怎样的教育理想？

我们胸怀怎样的教育理想？在浙江绿城育华教育集团总经理陈海克先生的演讲中，我们得知：办学是一种社会责任，做教育不是为了营利；新学校使命崇高、责任重大；教育直接服务于人，相比而言具有其特殊性，教师的品行学识直接影响学生；社会高度期待绿城育华，我们不仅要有一流的硬件，更要有一流的软件。

▲浙江绿城育华教育集团总经理陈海克在办学思想讨论会上讲话（2017.7.3）

在申屠杭西校长初创育华小学时的故事讲述中，我们感受到：绿城教育给予学生“信任之爱、宽容之爱、体恤之爱、严格之爱”之关怀；育华校园是师生共学习同成长的幸福家园，倡导与人为善、民主平等、互助相济之仁爱。

从陈仰光先生《用理想主义情操办绿城教育》里，我们重温：绿城人“真诚善意 精致完美”的为人做事价值观；工作是神圣的，绿城是认真工作者的家园；绿城教育工作需要热心、爱心、真心、细心。从杨一青校长《建设和谐校园的六大系统》的字里行间，我们领悟：创建一所汇聚“真善美”的和谐校园，人际协调是关键，民主决策是灵魂，制度执行是保证，文化浸润是核心，安全保障是基础，校外延伸是拓展。

我们做怎样的老师?

我们做怎样的老师？从育华小学名师、骨干教师的精彩演讲中，我们深知：“仁爱”是绿城育华教师行动的基点；“真知”是绿城育华教师前行的动力；“践行”是绿城育华教师成长的试金石；“认真”是绿城育华教师脉脉相传的精髓：认真爱每一位孩子，认真做好每一件事，认真上好每一节课，认真听取每一个善意的批评；做学生终身学习的奠基者，做学生学习课程的指导者，做家校协同合作的促进者，做善于创新进取的学习者。

我们营建怎样的小班?

我们营建怎样的小班？绿城育华致力于小班化教育探索，倡导“等高、等距 、等爱”“关注每一位、珍视每一位”。

从《班主任的教育情怀从何而来》《管理班级的60招》等篇章里，从育华小学优秀教师与班主任的现身说法中，我们找到答案：小班要尽可能关注全体学生：为每位学生制造课堂的“小确幸”，体现以人为本，构建生本课堂；尽可能关注个体差异：要承认差异，珍视差异，利用差异，因人而异，因材施教；尽可能关注学生个性：既要关注学生创意和创新等个性品质的培养，又要重视学生兴趣、爱好和个性特长能否最大程度的发展，还要鼓励学生自主选择、个性表达，促进学生个性多元而和谐的发展。

我们构建怎样的课程?

我们构建怎样的课程？课程是学校的核心发展力，是学生成长的有力支撑。

我们在专家的引领和校长的带动下，积极启动学校课程研发工程，致力于研发适合每一位学生发展的校本课程，要为学生提供自主、多元的学习与发展空间，构建国家课程与翡翠课程相结合的新课程体系。

在学习中感动，在感动中积蓄力量，这股力量推动着大家砥砺前行。这股力量激励着我们为孩子们创造一片瑰丽如翡、碧洗如翠的天空。

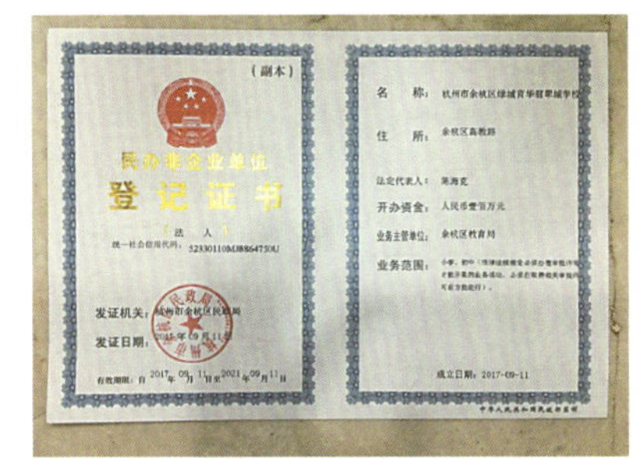

▲翡翠城学校登记证书

▲翡翠城学校第二次会议全体代表合影（2017.7.3下午，摄于杭州绿城育华小学）

翡翠城学校三年办学规划

（2017年3月草稿）

为了促进翡翠城学校快速运作，并不断规范和进一步发展，特拟定学校三年办学规划。

一、办学目标

分期设定办学主要目标如下：

1.筹备期目标（2017年2月底—2017年8月底）

（1）进行办学前期有关材料、文件的撰写和审批。

（2）协调、筹集办学经费。

（3）协助建筑工程公司进行学校功能区分及室内外装修。

（4）拟定学校有关的规章制度和课程设置方案。

（5）进行教职工的招聘和一年级学生的招生。

（6）一年级新生的开学准备工作。

2.一年期目标（2017年9月初—2018年7月初）

（1）学校“翡翠文化”细节元素的落实。

（2）学校各种教学设施的完善。

（3）各种规章制度的修订和实施。

（4）课程方案的实施和课堂教学的正常化。

（5）教职工的进一步招聘和系统培训。

（6）学生学习常规的培养和各项活动的展开。

3.二年期目标（2018年7月初—2019年7月初）

（1）“全课程”“多元课型”的实施和研究。

（2）教师教学能力和学生学习能力的提升。

（3）各学科教师的招聘。

（4）2018年一年级学生的招生准备工作。

（5）教学设备的检查、落实。

4.三年期目标（2019年7月初—2020年7月初）

（1）小学“全课程”“多元课型”的研究、总结和推广。

（2）小学三年办学的研讨和修正。

（3）初中办学的论证。

（4）教职工的进一步招聘和系统培训。

二、办学阶段及内容

办学的不同阶段，各有其特点，因而办学的工作内容不同，其标准要求也各异。

1.筹备期（2017年2月底—2017年8月底）。

（1）进行办学前期有关材料、文件的撰写和审批。与余杭区教育局等单位商谈协调，尽早拿到办学许可证，完成办学的一系列审批手续，拥有法定的办学资格。

（2）协调、筹集办学经费。与铁通公司、绿城教育公司沟通协调，落实办学的有关经费，特别是第一年的启动资金。

（3）协助建筑工程公司进行学校功能区分及室内外装修。

①与建筑工程公司协商，进一步优化学校功能区分，主要是教学区、教辅区、办公区、活动区、食堂区、住宿区、停车区等。

②协助建筑工程公司进行学校室内外的装修。特别是学校“翡翠文化”的研究和落实。装修风格要与“翡翠文化”和谐一致。

（4）拟定学校有关的规章制度和课程设置方案。

（5）进行教职工的招聘和一年级学生的招生。

①开学前招聘教职工，最少人数为16人。

②一年级新生的招生文件、资料的制定、宣传、报名和招生工作。一年级共招5个班，每班30人，共150人。

（6）一年级新生的开学准备工作。

①在合适的时候召开学生家长会议，成立家长委员会。

②进行学生入学适应性培训。

2.一年期（2017年9月初—2018年7月初）

（1）学校“翡翠文化”细节元素的落实。研制“学校翡翠文化纲要”，把“翡翠文化”落实到学校的各个环节和各项工作之中。

（2）学校各种教学设施的完善。检查、落实学校的硬件设施（特别是教学的多媒体电子设备）和软件（教学媒体、图书资料等），保证教学之所需。

（3）各种规章制度的修订和实施。召开学校第一次教职工大会，修订有关制度，协调有关现实问题。

（4）课程方案的实施和课堂教学的正常化。实施“全科教师制”，成立“领衔教师工作室”。加强“体课程”的研制，探讨“多元课型”。重点是课堂教学的规范化落实。

（5）教职工的进一步招聘和系统培训。继续招聘新的教职工，特别是优秀的各学科名教师。对教职工进行定期培训和教育研讨。

（6）学生常规的培养和各项活动的展开。实施“全人教育”，在促进学生发展上下功夫。

3.二年期（2018年7月初—2019年7月初）

（1）“体课程”“多元课型”的实施和研究。在实施的基础上，进行研讨和总结。向外界召开第一次“全课程”研讨大会。

（2）教师教学能力和学生学习能力的提升。召开学校第一次教学工作会议，交流教学经验，推进教学改革。

（3）各学科教师的招聘。起草文件，宣传发动，面试教师。

（4）新生招生的准备工作。新生的招生文件、资料的制定、宣传、报名和招生工作。

（5）教学设备的检查、落实。重点是电子设备和实验室设备。

（6）新生的开学准备工作。

4.三年期（2019年7月初—2020年7月初）

（1）小学“体课程”“多元课型”的研究、总结和推广，研究成果申报评审。开展与市、省内外学校的交流。成立合作研究的结对子学校。在课程研究方面初显学校品牌效应。

（2）小学三年办学的研讨和修正。通过总结、回顾，提升学校的办学特色，落实学校的办学理念。

（3）小学三年级学生出国或出境游学。第一次组织学生赴台湾地区交流访问。创造条件成立与国外的联谊学校。

（4）教职工的进一步招聘和系统培训。使小学教师在量和质的方面都不断提升。

三、办学预期成效

通过三年努力，把翡翠城学校创办成一所有风格、有思想、有文化的初见成效的规范之校。

1.一所中式为体、西式为用的优势学校。主要落实在“中式课程、西式建筑、双语教学”三个方面。

2.一所全面发展、个性发展的实验学校。具体体现在“体课程、差异教学、多元课型”等方面。

3.一所物质精美、精神高尚的精致学校。重点表现在“翡翠之形、翡翠之式、翡翠之魂”三个“翡翠文化”上。

三、学校筹备

（一）学校推介

［第一次微信推送］

微信上最早的学校报道始于2017年3月16日。下面是有关信息：

一所以“中西兼容”为特色的学校
一所以“全人教育”为特征的学校
一所以“翡翠文化”为特点的学校

杭州市绿城育华翡翠城学校隶属杭州绿城育华教育集团，是一所秉持绿城育华“全人教育”理念，传承中华文化，拓展国际视野，实施小班化教育的九年一贯制非营利性民办学校。

学校位于杭州城西余杭区高教路与汇丰路之间，翡翠城园区西北端，与西溪湿地作邻，与闲林水乡为伴，占地49.8亩。校园内，精致大气的法式建筑，清丽雅致的景观布局，配备齐全的教学设施设备，具有仁爱、专业与责任的优秀师资团队，

▲翡翠城学校效果图

为每一位孩子提供多方面和谐发展、个性充分发展、可持续性发展的理想教育。

学校未来容纳小学1—6年级24个班，7—9年12个班，能满足约1260人就学。

教育是培养人并给人幸福的一件事情，是为未来准备的过程。因此，我们不急功近利，速求结果，而让教育存在温度，让师生过一个幸福、完整的教育生活。

学比教重要，怎么学比学什么重要，乐学、会学、善学比怎么学更重要。因此，我们希望帮助孩子找到适合的学习方式，学会学习与反思，学会沟通与合作，学会探索与创新。

每个孩子都是完整的生命个体，他们各有自己的独特之处。因此，我们寻求

一条道路，让学校成为汇聚美好的地方，期望每个孩子成为完全的、健康的、世界的、有担当的人。

咨询地址：杭州市余杭区五常大道翡翠城翡翠天地商业中心三楼

咨询电话：0571-88690552　87852718

▲翡翠城学校英文校名（2017.8.30）

▲翡翠城学校校旗（2017.8）
校旗尺寸：960mm×1440mm

［**第一次招生简章**］

第一次招生简章于2017年4月6日公布于众：

精雕细琢一翡翠　春光做伴始相逢

Polished as Jadeite, Nourished in Spring

——杭州绿城育华翡翠城学校开始招生啦！

Enrollment for the Hangzhou Greentown Yuhua Hopetown School

学校

—— 真善美的汇聚　师生成长的家园

School

——Aggregation of the virtues, Home for Mutual Growth

杭州绿城育华翡翠城学校隶属杭州绿城育华教育集团，是一所秉承绿城育华“全人教育”理念，传承中华文化，拓展国际视野，实施小班化教育的九年一贯制非营利性民办学校。

学校位于杭州城西余杭区高教路与华丰路之间，翡翠城园区西北端。校园内，法式建筑大气精致，景观布局清丽优雅。教育理念先进，课程设置前沿，教学设施一流，为每一位孩子提供适合的教育。

教师

——学生发展的导师　学校发展的关键

Teachers

——Mentor of Students' Development, Key to School's Advancement

学校拥有一支来自杭州绿城育华小学的管理团队，由省市区教坛新秀、学科带头人、优秀青年教师组成的教师队伍，并常年聘请一批知名教授、校长、特级教师担任教育、教学顾问。

课程

——学生发展的跑道 学校发展的心

Curriculum

——　Runway for Students' Takeoff, Core of School' s Evolvement

学校遵照国家课程标准，借鉴绿城育华小学课程体系，实施双语学习，着力研发特色课程：一二年级“全课程”、三四年级“整合课程”、五六年级“拓展性课程”、七至九年级“学科课程”，以满足学生全面而有个性发展的需求。

▲翡翠城学校效果图

家长

——孩子成长的陪伴 学校发展的资源

Parents

——Companion of kids' Growth, Resources for School' s Development

“家校融合，协同教育”是办学的基本理念之一。家长是学校的一员。学校将搭建各种家校互动平台，拓宽孩子视野，密切亲情沟通，促进孩子、家长、教师、学校协同成长。

◆招生人数

2017年计划招收小学一年级4个班，每班30人。

◆咨询途径

1. 现场咨询：翡翠城销售中心三楼

杭州绿城育华翡翠城学校接待中心

2. 电话咨询：0571-88690552　87852718

◆招生流程

报名登记——新生体验交流活动——新生预录取（家长上交各类材料）——区教育局审核材料——正式录取（学生信息录入学籍网）

◆新生体验

时间：2017年4月15日8:00—15:00

内容：通过体验交流活动，观察小朋友的倾听习惯、合作意识、思维能力、表达能力、解决问题能力等。

◆学习费用

20000元/学期（以物价局核定收费标准为准）

我们期待：

在这美好的春光里

陪伴着您的宝贝与我们相约。

［**第一次家访**］

翡翠城学校新一年级的任课老师于8月17日至19日以及8月24日至26日，对全体新一年级孩子进行了全面的家访活动。

▲徐华芳等老师家访（2017.8.17晚）

家访，对于我们教师来说非常熟悉。作为联系家庭与学校之间的一条重要的纽带，它发挥着无可替代的作用。家访促进教师和家长学生之间的了解沟通，让小朋友们更快地认识并熟悉新老师，让每一个还未进入翡翠城学校校园的孩子感受到学校给予的关爱。通过家访，我们读懂了每一个孩子期待的目光，看到了每位家长坦诚的愿望，增进了教师与孩子间的感情。

▲我们孩子都是多才多艺的

▲孩子兴奋地向我们分享他的成长印记

▲家长真诚地为我们的学校写建议

老师们通过和家长、孩子交流，了解每一个孩子的家庭情况、学习环境、在家表现及其个性、兴趣爱好，了解家长的期待、要求及教育方式，并做好详细的记载，同时解答家长们在教育方面存在的诸多疑惑，为今后的教育教学工作奠定基础。

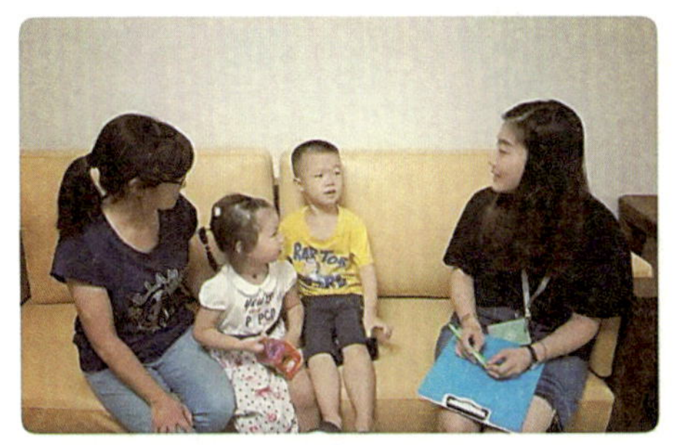
▲一家的大小宝贝都围坐在老师身边

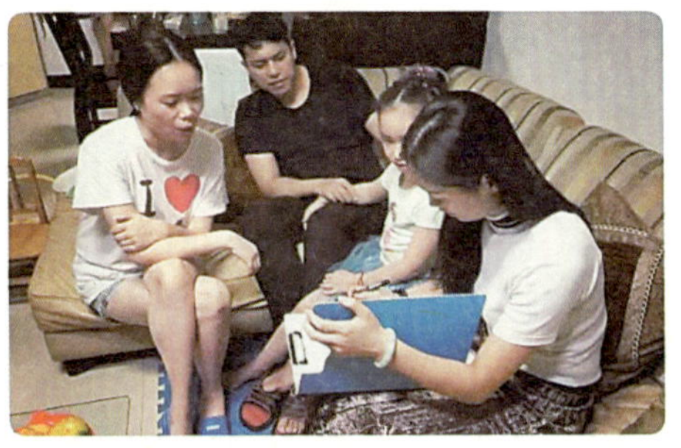
▲认真记录孩子们的情况

通过家访，我们老师了解到家长们的素质水平普遍较高，对教育也有一番自己的见解，能为孩子营造宽松、有序的成长环境，注重孩子的全面发展。

▲孩子搬出了他的小“宝库”

孩子们兴趣广泛，各有所长，绘画、舞蹈、足球、游泳、乐高、击剑、魔术、跆拳道、围棋、象棋、书法、乐器，有的孩子还参加了各种艺术考级，获得各种各样的奖牌证书，得到在大大小小的舞台上展示甚至上电视台表演的机会。

▲和家长交流着教育的理念与方式

▲全家都积极地参与，热烈地聊着

本次家访活动不仅增进了家长与学校的交流，还帮助我们老师发现儿童、走进儿童，有的放矢地开展教育教学工作，促使孩子们更健康快乐地成长，为我们孩子的童年添彩，让他们的人生飞扬。

▲举办新生体验交流活动（2017.4.15）

[第一次家长会]

家校融合 协同共育

——记绿城育华翡翠城学校预录取新生家长会

▲杨一青老校长为家长讲课

在这满怀感恩的日子，我们在绿城育华翡翠城幼儿园一楼大厅，召开了主题为“家校融合、协同共育”的2017年绿城育华翡翠城学校预录取新生第一次家长会。

本次家长会围绕“新生入学准备”展开。首先，我们邀请了全国教育系统劳动模范、全国十大明星校长、浙江省功勋教师、浙江省家庭教育学会副秘书长、浙江省特级教师、杭州市学军小学校长、绿城育华教育集团教育顾问——杨一青校长给全体一年级新生家长做讲座。

幼小衔接 和谐发展

杨一青校长说：良好的家风是孩子们和谐成长的环境，我们要具备“好家长的五条标准”：我们要认清幼儿教育与小学教育的异同，了解小学教育的主要特点；我们要明晰绿城育华的办学目标，精心为孩子们做好入学前的准备，知晓孩子们喜欢怎样的父母，创建和谐的家庭、家校环境，为孩子们做表率；我们还要把握好教育孩子们的最佳时机。

▲家长们认真听杨一青校长讲课

当杨校长声情并茂地用一个个生动形象的例子来诉说家庭教育的重要性时，会场里笑声不断；当杨校长惋惜地历数因家庭教育的失误给孩子带来伤害的案例时，会场里又静如止水，陷入深思……家长们就在这笑声与深思里，感受到小学起始年级教育的关键，感受到家庭教育的重要。

彩绘手册　精心准备

家长们手捧精美的《新生入学手册》，细听方建兰校长的解读。方校长说：要上学了，孩子们、家长们准备好了吗？她用手册中一张张形象的图片一一介绍了入学要准备的物品，物品要实用、方便、轻便；她用一个个图文并茂的卡通绘图呈现了入学前要准备的习惯，并强调“习惯养成比知识学习更重要”；她用“育华翡翠一年”和“育华翡翠一天”来告诉大家，我们要让孩子在丰富多彩的课程与活动中体验成长的幸福与快乐。

▲方建兰校长为家长介绍

最后，方校长语重心长地告诉家长们：如果因我们的帮助和有意识地关注，能使孩子们入学更适应些，从容些，轻松些，那我们将不虚此念，不虚此行。让我们期待并静悄悄地行动起来吧！

甄选校服　协同培育

学校经过前期的深入考察和挑选，两家校服厂家客服代表来到家长会现场，在一楼大厅门口精心布置展厅，接受家长们的观展、投票与甄选。

家长们围在校服展厅里，通过咨询、交流、比对，精心为孩子挑选校服，投上宝贵的一票。

我们是一家人，我们济济一堂，聆听杨校长的谆谆教导，我们将用仁爱求真演绎绿城人的精致完美。

我们是一家人，我们点滴汇聚，将我们的爱意与文化融入这有形的衣与物中，让孩子们带着自信与憧憬走进翡翠园中。

我们是一家人，我们共同关注，从儿童的角度体察孩子们的需要，用一幅幅彩绘向孩子们描述翡翠园里美好的未来。

▲家长选校服

▲方建兰校长（左）与杨一青校长在家长会上（2017.7.16）

[第一次家长活动]

2017年新生家长活动方案

一、活动时间：2017年8月28日18：30—20：00

二、活动地点：演播厅、各班教室

三、活动目的：家校融合，协同共育

四、参加人员：全体新生家长、全体教职员工

五、活动组织

◆总策划：方建兰

◆后勤保障：陈兴苗、许小连、肖华龙

◆会议组织与落实：陈贤彬、徐华芳

◆主持人：陈兴苗（全体家长会），各班主任（分班家长会）

六、会议流程

序 号	主要流程	负责人	地 点
1	签到组织	汪 萍	演播厅
2	暖场节目组织	陈贤彬	
3	校长讲话（课程简介、教师介绍）	方建兰	
4	引领到班级，召开分班家长会	各班主任	各班班级

七、具体安排

（一）会议内容

内 容	负责人	工作要求
会前暖场	陈贤彬	1.教师才艺展演（大提琴：汪悠扬 舞蹈：任思思） 2.要求：爱。时间5分钟左右 （要求：25日在彩虹园预排；道具、座椅服装自备）
校长讲话	方建兰	课程介绍、教师介绍等
分班家长会	徐华芳	会前指导全体班主任完成以下工作：1.开学第一天及开学准备内容（建议PPT呈现）；2.发放校服、书包、录取通知书、录取确认表等资料（26日前完成各班活动流程和发言纲要审核）

（二）会务准备组　检查责任人：陈兴苗

内容	负责人	工作要求
会场布置	汪　萍	1.签到席、发言席准备摆放到位（8月28日中午前） 2.会场绿植、鲜花布置，主席台上前排绿萝，发言席上半挂式鲜花预订，听众席四周四棵大的绿植（8月26日完成布置）
会议PPT（演播厅、书院前）	宣传组 郭骁林	1.会议主题及主要议程灯片设计与制作 2.设计制作并会前播放幼小衔接课程班精彩瞬间PPT（8月26日完成，由宣传组负责审核）
会场音响等	郭骁林	1.现场音响、话筒、屏幕调试及无线话筒准备（2个） 2.话筒架1个，大提琴用（8月26日完成布置）
录取通知印制及发放	徐华芳	1.印制录取通知书（徐华芳、吴佳芮） 2.写好录取通知书（8月26日完成，发放到各班班主任）
录取确认书准备	汪　萍	1.请校长签名，盖好学校公章 2.发放到各班班主任（8月26日完成）
学生校服、书包	许小连	1.收货、验货及核对（吴佳芮 汪 萍 肖华龙） 2.根据班级学生名单，发到各班级教室（8月28日上午完成）

（三）会务引领安排　检查责任人：陈贤彬

工作区域	负责人	人员配置	工作要求
北门外道路停车指引	许小连	原素丽、肖华龙、物业安保 2人	北门门岗1人，道路区域停车指引1人
进校指引	汪　萍	★吴佳芮、陈巧辉、郭瀚远	1.组织家长指引至演播厅
集中家长会后带领	徐华芳	各班班主任	1.事先制作打印班级名称牌（A4大小） 2.演播厅外等候，以班为单位带至教室
演播厅门口	汪　萍	签到组织、发饮用水，★沈颖颖、宋杏子 内场指引：金 珊 王 萌	负责家长签到组织，饮用水发放及内场家长座位指引

（四）摄影及宣传

主要工作	负责人	工作要求
摄影	★汪 萍 郭骁林	1.拍摄地点：演播厅、班级 2.制作要求：按照文稿做好照片编辑和处理 3.演播厅家长会可邀请摄影较好的家长协助拍摄

续表

主要工作	负责人	工作要求
公众号文稿撰写	宣传组	29日完成文稿撰写
公众号编辑	宣传组	29日完成公众号编辑
公众号推送审核	方校长	29日完成审核

八、特别提醒

1.着装要求：教师穿正装，规范佩戴工作证。

2.微信群、家访等方式通知家长，时间为8月28日晚上6：30—8：00，一两位家长，不带孩子。由徐华芳落实，要求每位家长都通知到位。

▲方建兰校长在第三次全体家长会上讲话（2017.8.28晚6：30新学校报告厅）

▲分班家长会

（二）教师培训

翡翠城学校成立了学校专家组，聘请浙江外国语学院教师培训学院培训部主任、小学教育研究所所长汪潮教授为学术总督。

▲方建兰校长与外教Maryke Espach（2017.9.5）

学期初教师的校本培训

和合同生　　齐心共创

——记2017绿城育华翡翠城学校第一学期期初校本培训

▲翡翠城学校第一次学期初教师的校本培训（2017.8.16）

八月盛夏，伴随着忙碌的脚步，我们迎来了期初校本培训。本次培训从“工作计划解读”“制度学习”“课程研讨”“业务能力提升”“团建活动”“走进新学校”六个方面展开。

计划：凡事预则立

培训第一天，方建兰校长为全体教师解读工作计划。

▲翡翠城学校第一次期初教师的校本培训上方建兰校长（中）解读工作计划（2017.8.16）

“全人教育、中西兼容、翡翠文化”是我校的办学特点和特色。学校在弘扬中华传统文化的同时拓展国际视野；在坚持以人为本，贯彻全面发展可持续发展理念的同时，注重以“和合”之美的翡翠文化构建。学校教师要秉承绿城教育“师者仁爱 学者求真”的核心价值观，快乐工作，认真生活。

制度：有规成方圆

▲翡翠城学校第一次期初教师的校本培训上陈兴苗校长助理（左）解读学校制度（2017.8.16）

翡翠家园需要我们共同爱护。翡翠城学校办公室、教师发展中心、财务部、后勤服务部分别对劳动用工、课堂常规、财务制度、校园安全等相关制度进行了解读与学习，让学校的管理体现科学化与人性化相结合，让教师充分享受规则下的工作自由，让学生和家长获得优质的教育服务。

课程：核心发展力

在教师发展中心陈贤彬老师的主持下，开展了“幼小衔接课程”和“选修课程”交流活动。

幼小衔接课程的负责教师用精美的幻灯片向大家呈现了备课小组的集体智慧，充分体现课程的衔接性、综合性、趣味性。每位教师还分享交流选修课设计方案，并进行审定以备新学期开设，让孩子们通过相对丰富的课程学习，个性得到张扬，特长得到发挥。

▲翡翠城学校第一次学期初教师的校本培训上陈贤彬老师解读课程方案（2017.8.16）

专业：教师立身之本

从来自育华小学优秀教师与班主任的现身说法中，我们知道一年级班主任工作应从“准备自己”“准备主题教室”“准备第一次见家长”“准备第一天见学生”这四个维度进行；“如何做家访”告诉我们怎样去为一次家访进行前期准备，注重家访时的每一个细节，尽可能的考虑周全，提高家访效果；“现代教育技术培训”针对即将全面投入使用的教学一体机设备，老师们认真聆听开发者讲述一体机的具体操作方式，边听边操作，切身感受最新现代科技的便捷，教学效率的提高。

▲教师教研活动

共享：团建创意活动

为充分发挥和调动学校全体教职工的集体智慧，提升学校教职工的团队凝聚力，学校开展了丰富多彩的富有创意的团建活动。大家手手相握，在轻松快乐的音乐声中，分享《学校是一段旅程》的读书心得，并以分组讨论的方式，集思广益，为翡翠城学校的教师公约、校刊和主题活动建言献策，提出了许多具有参考价值的创新设计。

▲富有创意的团建活动

启程：走进新校园

8月16日——一个大家期盼已久的日子。学校全体教职工第一次走进新校园，走进这个承载着我们梦想开始的地方。方校长早早等候在校园门口迎接大家，向每一个教职员工送去了鲜花及精心准备的嵌入每个员工名字的寄语。当老师们情不自禁地朗读校长写给自己的寄语时，满满的感动油然而生；同时，方校长还代表学校对物业、安保人员给予温馨的慰问，以表达感恩之心，感谢之意。

▲保安与教职工合影

在操场举行了庄严的升国旗和校旗仪式。全体教职工肃立在崭新的蓝色塑胶跑道上，注视着冉冉升起的国旗和校旗，心里充满着激动，充满着对未来的憧憬和希冀。

▲翡翠城学校第一届教职员工新校园第一次合影（2017.8.16上午）

▲一（1）班教室，等待着孩子们的到来（摄于2017.8.31晚10时）

所有的开始都是永恒的，所有的遇见都是值得回忆的。新的学校，新的起点，翡翠城学校全体教职员工将和合同生长，齐心共创造！

（三）开学首日

亲近翡翠，放飞梦想

——2017首届新生开学第一天组织工作方案

一、活动时间：2017年9月1日（周五）

二、活动地点：校门口、各班教室及草坪

三、活动目的

通过家校协同开展简洁而盛大的“开学第一天”活动，激起学生爱上学的愿望，为学生学习生涯开启一个美好的开始。

1．通过让学生参与“踩红地毯”“留难忘影”“晒全家福”“食甜蜜书”等一个个活泼有意义的活动，激发新生对新学校、新老师、新同学的喜爱之情，培养学生热爱学习的情感。

2．通过让学生参加简单而隆重的仪式活动，感受绿城育华温馨的氛围和浓郁的人文关怀，从而生发出“我是小学生”的自豪感。

3. 通过家长一起参与“开学第一天”留下“难忘瞬间”活动，使班级家校协同教育迈开第一步，为今后的家校协作打下良好基础。

四、活动管理组织

岗位（职责）	姓名	电话
总策划	方建兰	
后勤总负责	陈兴苗	
校园活动管理	★徐华芳 陈贤彬	
班主任培训	徐华芳	
应急管理组	组长：方建兰 舆情应对：★陈兴苗 汪 萍 后勤保障：★许小连 肖华龙 活动组织管理：陈贤彬 医务应急：★汪 萍 宋杏子	

五、参加人员：全体新生、家长、全校教职员工

六、活动流程

序 号	时 间	主要流程	地 点	负责人	备 注
入校仪式					
1	7:45—8:00	踩红地毯	门厅	陈贤彬	
2	8:10—8:40	留难忘影	教室、四季草坪	班主任	各班自主创意设计拍摄背景和道具
3	8:40—8:50	晒全家福	班级自定	班主任	校园班级合影
4	8:50—9:30	食甜蜜书	教室	班主任	教室分享书形蛋糕
始业教育					
5	9:40—10:20	认识校园	校园	班主任	
6	10:30—11:10	交新朋友	紫玉楼一、二楼一年级教室	班主任	组织自我介绍，小组里互相介绍，认识一位新朋友
7	11:20—11:40	认识食堂	翡翠餐厅一楼	班主任	认识食堂，模拟、感受就餐规则
8	11:40—12:10	营养午餐	翡翠餐厅一楼	班主任	

9	12:20—13:40	午睡	紫玉楼二、三楼	班主任	
10	13:50—14:30	聆听寄语	班级教室	副班主任	大屏幕读家长寄语，了解家长对我们的期望，感受家长对我们的爱
11	14:40—15:20	学科始业教育一节	班级教室	任课教师	
12	15:20—15:40	课间水果	班级教室	班主任	吃水果要求介绍，点评表扬
13	15:40—16:00	赠送礼物	班级教室	班主任	班主任提早收齐家长赠送给自己孩子的书

七、具体安排

（一）内容要求

序 号	主要流程	负责人	准备要求
1	踩红地毯	陈贤彬	1.正副班主任在班里组织家长报到 2.校门口非班主任老师、保安等工作人员两列队伍欢迎师生 3.引导家长带着孩子一起从红地毯走向教室 4.家长义工两人拍走红地毯照片，每个孩子和家长各一张照片 5.后勤中心负责购买铺设红地毯 6.孩子穿校服、背书包，家长穿正式点的服装或礼服
2	留难忘影	班主任	1.家长和孩子到班级报到。引导学生将书包放进书包柜，交接种疫苗卡 2.家长带孩子一起到寝室按学号放午睡用品 3.家长和孩子在教室或草坪亲子留影
3	晒全家福	班主任	1. 8:40，家长学生准时回到教室集合 2.正副班主任和学生在学校门口或教室拍合影一张，全体家长一起参与的合影一张。每班由家长义工负责拍摄 3. 拍完合影，家长离校（“全家福”合影洗出来，贴在教室后墙展板展示区）
4	食甜蜜书	班主任	1.介绍“书形蛋糕”寓意（阅读是甜蜜的精神食粮） 2.分享蛋糕。在分享的过程中，结合学生表现，进行“同学之间谦让”“吃粮食不浪费”等教育 3.“书形蛋糕”由肖华龙、汪萍负责落实

5	认识校园	班主任	认识校园、教师办公室、厕所，了解相关规则礼仪（进办公室先敲门，或喊“你好，我可以进来吗”，经老师同意才能进来。走路轻轻，不能大声喧哗。跟老师说话，先称呼“某老师……”）
6	交新朋友	副班主任	组织自我介绍，小组里互相介绍，认识一位新朋友
7	认识食堂	班主任	认识食堂，模拟、感受就餐规则 1. 吃饭时候不讲话，要光盘。如果遇到不吃的菜，就餐前先和老师说明，取出后再食用 2. 吃饭前后见到为我们分饭服务的阿姨、老师说“谢谢” 3. 吃好后，餐盘放整齐，筷子放餐盘上。建议每班自设奖励评价机制，比如安静享用卡、悯农卡等
8	营养午餐	副班主任	食堂（按要求进餐，进餐完毕及时点评表扬）
9	午睡	任课教师	午睡要求： 1.调整舒服的睡姿 2. 老师数“1，2，3”，学生就按要求做：眼睛、嘴巴闭上；头、手、脚、身体不动。能够做到这些要求，都有奖励卡 3. 教师不断巡视，好的贴奖励贴 4. 睡觉完毕，点评表扬。 建议：各班利用教室后墙布置午睡室，主要做评价展示区
10	聆听寄语	班主任	大屏幕读家长寄语。教育孩子做一个“有孝心”“会感恩”的孩子，好好学习，回报父母。晚上回家，跟父母说一句感谢的话，替爸爸妈妈捶捶背
11	学科始业教育一节	班主任	1班：郭骁林、Maryke 2班：陈贤彬 3班：肖华龙 4班：郭骁林、Maryke（聆听寄语与始业教育时间交换） 5班：郭瀚远
12	课间水果	班主任	吃水果要求介绍，点评表扬
13	赠送礼物	班主任	班主任提早收齐家长赠送给自己孩子的书，引导孩子感受家长的爱与期望，激发他们积极向上的愿望，努力学习的决心

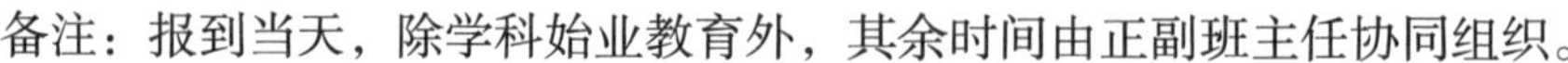
备注：报到当天，除学科始业教育外，其余时间由正副班主任协同组织。

（二）后勤准备组

内 容	负责人	工作要求
校园布置	肖华龙 吴佳芮	1.校门口气球、鲜花布置，红地毯笔直从下面穿过，直铺到拐角 2.校门口绿植布置（8月31日中午前） 3.校门口卡通人物2个（2位教师扮演，1男1女）
大屏幕PPT	宣传组 郭骁林	1.“开学第一天”主题及主要议程灯片设计与制作 2.设计制作家长寄语PPT（每个班级三片PPT，每片10个家庭照片及寄语）（8月28日完成，由宣传组负责审核）
走红地毯广播音乐	任思思	家长和学生进校时用，选择适合场景的音乐播放
拍照片	郭骁林	校级家长义工若干名（每班一名）。注：第一天报到，家长都要陪自己孩子，每个班主任安排联络一名，整体的由郭骁林统一拍。家长义工由郭骁林协调分工安排
饮用水	许小连	每个教室放一箱饮用水备用
书形蛋糕	肖华龙 汪　萍	五个书形蛋糕提早订好，按时送到教室
保健卫生	汪　萍 宋杏子	保健室提前备好必备药品

（三）停车指引及进校指引

工作区域	负责人	人员配置	工作要求
北门外道路停车指引	许小连	原素丽、肖华龙、物业安保 2人	北门门岗1人，道路区域停车指引1人
停车示意图	郭骁林	郭骁林	制作一张学校行车线路、停车点示意图，提前请各班主任发微信群

（四）摄影及宣传

主要工作	责任人	工作要求
摄影	郭骁林	1. 大门口、门厅踩红地毯，各班活动情景等 2. 班级，发言人、家长等，有整体和个体
公众号文稿撰写	宣传组	1日完成文稿撰写 （汪萍、金珊）
公众号编辑	宣传组	2日完成公众号编辑
公众号推送审核	宣传组	2日完成审核

八、特别提醒

1.着装要求：教师穿正装，规范佩戴工作证。

2.家长尽量穿正装或礼服，学生穿校服。

3.9月4日（周二），语数英科音美体（始业教育各一节），9月5日（周三）起按课表上课。

翡翠伢儿上小学啦

——记绿城育华翡翠城学校入学礼

开学啦！2017年9月1日上午，翡翠伢儿穿着漂亮的校服，背着崭新的书包，带着无比的期待来到绿城育华翡翠城学校。满满的喜悦，满满的新奇等候着我们。

▲翡翠伢儿上学啦

踩红地毯

到了，到了，我们到学校了。学校门口有个可爱的皮卡丘。小朋友们纷纷留影合照。

哇，老师们都在迎接我们。一条红红的地毯从校门口一直延伸到翡翠书院门口。地毯的两边飘着五彩的气球，大屏幕播放着每一位小朋友的全家福。我们在爸爸妈妈的带领下，伴着律动的音乐，踩着红地毯，让镜头记住这值得纪念的一刻。

哇，这就是我们的教室。这里有亲爱的老师，有可爱的同学，还有天天盼望的新书。我们领了新书，在老师的带领下，拿着自己制作的创意合拍框，来到教室前的草坪留影。

▲翡翠城学校上学第一天学生走上红地毯（2017.9.1上午）

▲快乐的小学生

▲创意合拍框

我们是同班同学啦！教室里热热闹闹的，小朋友们和爸爸妈妈们都到齐了。我们要晒全家福了。

▲一（1）班合照（2017.9.1）

▲一（2）班合照（2017.9.1）

▲一（3）班合照（2017.9.1）

▲一（4）班合照（2017.9.1）

▲一（5）班合照（2017.9.1）

食甜蜜书

▲蛋糕书

哇，还有一个大蛋糕！老师轻轻地推出了蛋糕，这是一块书形蛋糕，“书”里还有字呢！我们认真地跟着老师念：“读一书，长一智。”“与书为伴。”“读万卷书，行万里路。”……老师还说：书是香香的甜甜的。我们闻一闻，尝一尝。

▲分享蛋糕

▲翡翠城学校开学第一天，学生认识校园、游戏（2017.9.1上午）

老师把蛋糕分成一小块一小块的。我们美滋滋地品尝着，尝到了书的味道，尝到了老师的用心。

简朴而有意义的入校仪式结束了。我们开心地熟悉教室、认识校园并在收到父母“送一本书”的礼物后，听老师读着爸爸妈妈的寄语，开启七彩小学生活，放飞童年梦想。

秋风送爽，吹来了浓郁的书香。今年的翡翠城迎来了不一样的收获季：杭州绿城育华翡翠城学校在孩子们的欢声笑语中开启了一段新的里程。

（四）落成典礼

2017年9月26日下午2：30，杭州绿城育华翡翠城学校落成典礼正式在学校四楼演播厅举行。

绿城中国执行董事寿柏年、绿城中国执行董事李青岸、交投地产总经理董卫国、绿城房地产集团杭州公司总经理何信南、杭州翡翠城房地产开发有限公司董事长陈苏敏、总经理周向阳、浙江绿城育华教育集团总经理陈海克、浙江外国语学院汪潮教授、杭州绿城育华小学首任校长申屠杭西等相关领导出席典礼。

绿城育华翡翠城学校的建成，构筑了翡翠城从幼儿园到初中的优质教育体系，不仅极大提升了翡翠城的人文素质，也使得项目的各项配套更为完备，翡翠城的未来更加美好。

余杭区教育局副局长周建忠对学校寄予了厚望：绿城育华翡翠城学校的落成必将对余杭区的民办教育国际化发展增添浓墨重彩的一笔。希望学校以崇高的职业操守、先进的设备、博大的胸怀做好教育，让每个学生走上宽广的人生道路，放飞梦想。

在雄壮的乐曲声中，整场典礼迎来高潮，庄重的金钥匙交接仪式开始。

杭州翡翠城房地产开发有限公司董事长陈苏敏将一把沉甸甸的金钥匙转交到绿城育华翡翠城学校校长方建兰手中。金钥匙代表着一种使命，更是一份责任。意味着由项目方精雕细琢而出的校园正式交付给育华校方，从此刻开始，将由绿城育华教育集团承担起传道授业的使命，将绿城育华教育集团“仁爱、求真”的办学理念发扬光大。

绿城育华翡翠城学校是一所以“中西兼容”为特色，以“全人教育”为特征，以“翡翠文化”为特点的学校。在各界领导及工程团队的共同努力下，学校才有了今天的璀璨耀眼，校长方建兰于现场表达了对杭州翡翠城房地产开发有限公司工作人员及工程团队的感谢。

▲学校落成典礼上的领导和嘉宾（2017.9.26）

▲杭州翡翠城房地产开发有限公司总经理周向阳在学校落成典礼上致辞（2017.9.26）

▲余杭区教育局副局长周建忠在学校落成典礼上致辞（2017.9.26）

▲董事长陈苏敏与方建兰校长进行学校金钥匙交接（2017.9.26）

▲学生代表向学校建造工作人员献花（2017.9.26）

典礼上，教育集团携所属主要学校的校长、主任、园长莅临会场，绿城育华学校、育华小学、育华幼儿园、翡翠幼儿园等为大家带来了精彩纷呈的风采秀，充分展现了绿城教育培养的学生全面综合发展的良好风貌。

一段段旋律，一声声祝福，在最后环节，师生与家长在悠扬的乐曲声中，合唱《感恩的心》。

▲学校落成典礼活动师生合影留念（2017.9.26）

典礼已经结束，但出征的号角却刚刚吹响，愿绿城育华翡翠城学校扬帆起航！

第三章　校中景

翡翠城学校的建筑从北往南俯视，它是一个“玉”字，宛如一块翡翠宝玉。真可谓风水宝地！学校的建筑物从东往西、从南往北分别命名为黄玉楼、蓝玉楼、翡翠书院、紫玉楼、翡玉楼和翠玉楼。从形状和命名，怎一个“玉”字了得！

▲学校交付使用的平面图（2017.9.1）

▲书法家周云飞先生题写的翡翠城学校校名（2017.3.6）

美丽的翡翠城学校的景色就像一幅画卷展现在我们面前……

一、学校场馆

（一）“三重”大门

首先映入眼帘的是翡翠城学校的三重大门，它以南北为轴，从北到南，一层进一层。它所反映的是“三”的理念，体现的是“三进门”，折射的是“三重境界”。

▲一重门：翡翠城学校正大门（2017.8.28）

翡翠城学校正大门法式风格，对称设计，岗亭，大理石相砌，左边为汉文校名，右边为英文校名。线条清晰，简洁大方。

解读：

◆端庄、对称、整齐之美学观点。

◆中学为体，西学为用之教学理念。

◆晶亮剔透、刚柔相济之翡翠文化。

解读：

◆它是一个宽广的无形之门。

◆它是一个高大的智慧之门。

◆它是一个自由的开放之门。

解读：

◆这是学生的成长之门。

◆这是教师的幸福之门。

◆这是学校的欢乐之门。

▲二重门：翡翠城学校中间门厅（2017.8.30）

▲三重门：翡翠城学校翡翠书院大门（2017.9.26）

▲翡翠书院

（二）翡翠书院

翡翠书院由以下专业场馆组成：

1. 图书馆

▲翡翠城学校三层“回”形图书馆

▲图书馆借还处

▲图书馆演讲厅

▲图书馆阅览区

▲图书馆中文绘本阅读区

▲图书馆外文阅读区

▲图书馆交流区

▲学生在图书馆读书

2. 音乐舞蹈室

音乐室是进行声乐、器乐的学习和欣赏，实践和排练的场所，是用音乐陶冶

▲音乐舞蹈室

▲舞蹈课

▲古筝课

▲舞蹈课

学生情操的天地，是给人以美的感受的乐园。学校可根据不同阶段的教学要求，在功能上有所侧重。它包含音乐教室、舞蹈教室、器乐排练室、音乐器材室等配套设施。

3. 美术室

美术室是为学生提供绘画、书法练习、工艺制作等实践活动的场所，是学生动手创造美的乐园，是从感性上引发学生对美术兴趣的天地。根据不同阶段的教学要求，在功能上有所侧重，它包含美术教室、美术器材室。

4. 陶艺室

▲做陶艺

5. 国学馆

▲国学馆

6. 手工室

▲做手工

7. 心理咨询室

心理咨询是现代学校为提高学生心理健康水平，促进学生个体成长而提供的一种教育心理服务，是促进学生德、智、体全面发展的有效手段。做好学生的心理咨询工作，是学校管理工作的一个重要组成部分。心理咨询室的服务宗旨是：运用心理学的原理和方法，帮助学生对学习和生活中遇到的问题进行自我认识，自我反思，自我调节，培养学生健康向上的心理。

（1）个别心理辅导与咨询。这是心理咨询老师通过与学生一对一的沟通互动来实现的专业助人活动。比较常用的方式有个别交谈、电话咨询、信函咨询、个案研究等。它是维护和增进学生心理健康的有效手段之一。

（2）团体心理辅导。是在团体情境中提供心理帮助与指导的一种心理辅导形式。它是通过团体内人际交互作用，促使个体在交往中通过观察、学习、体验，认识自我、探讨自我、接纳自我的过程，调整改善与他人的关系，学习新的态度和行为方式，以发展良好的助人和自助的能力。

（3）心理专题讲座。定期举办各种心理专题讲座、报告，以增加学生的心理健康知识。

（三）全人教室

▲翡翠城学校老师在布置教室（2017.8.28深夜10点）

▲翡翠城学校开学第一天的全新教室（2017.9.1）

教室不仅仅是传授知识的场所，更是教师和学生交往的家园，是学生在校期间停留时间最长的地方。如果用课程资源意识的眼光来看，我们应该关注教室更广泛的文化意义，关注教室里的欢乐与忧伤，关注教室里的成长和发展，在有限的空间中创造出教学的无限性。

1. 教室的文化意义

教室是教育教学的主要场所，是教育教学工作顺利开展的必需的物质条件，属于“物”的因素，但是教室里除了“物”的因素外，还存在“教室文化”，这是对于学生发展更为重要的资源。所谓教室文化是指所有教室活动的成员在长期的共同学习生活中所形成的并为大家所共同遵守和享有的各种文化形态。它在学生的成长过程中，总是潜移默化地发挥着其特有的作用。教室文化对学生的潜在影响，主要表现在生活态度、价值观念、行为习惯、道德情操、班级传统等方面。健康的教室文化，能对学生产生积极的、正面的熏陶。

教室不仅仅是一个上课和学习的场所，更是一种文化的存在。因此，教室里的欢乐与忧伤，教室真正的教育意义更应该引起教师广泛的关注。

2. 教室的潜在教育资源

教室作为学校教育的一个重要场所，存在着许多影响学生成长的因素，如教室文化、教室人际关系等，它们以一种隐藏的方式对学生起着巨大的潜移默化的作用。可以说，教室承载着甚至本身就是非常重要的课程资源。

要挖掘出教室的这种资源价值，一是应对教室的物理环境进行恰当的安排和布置，二是要处理好教室里的人际关系，三是要合理、整体地安排利用好教室。

（四）教师工作室

教师是学校教育活动的主要组织者与实施者，也是推进教育改革和提升教学质量的关键要素，是学校最为宝贵的“第一资源”。在日益强调高绩效教学的今天，绝大部分教师都需要积极参与课程与教学改革，需要持续提升自身的专业技能和素养。当然，伴随物质生活水平的日益改善，以及对个体生存质量关注程度的日益上升和教师之间专业对话的需要，在客观上也需要为教师的工作环境创造良好的条件。

1. 教师阅览室

教师阅览室是老师们学习和交流的区域，整体布局以休闲阅读为主，家居配饰上有适合四五个人讨论的桌椅区以及沙发区。教师阅览室设置讨论区及电子阅读台，老师们可以在这里完成一些与学生的线上互动或电子备课、批阅。教师阅览室设计采用现代简洁的设计风格，体现教师阅览室的休闲功能，为老师提供一个跟办公室有区别的放松空间，这个空间进行功能的划分，分割出多个相对独立的空间以最大限度地利用空间，

▲教师阅览室

在装饰上面采用软包沙发、地毯，现代造型的多功能桌椅营造出阅读空间特有的氛围。是学校空间和师生、师师在校生活的深度结合。

（1）阅读、成长功能。要使学生进步成长，教师首先要不断地充实和完善自己，这已经成为全体教师的共识。教师的教育科研论文、教学随笔、教学案例、学习心得等的撰写，各种课外辅导的开展，如数理竞赛、科技制作等都要依赖学校图书馆的资源，因此，要让图书馆成为现代教师成长的首选地。

（2）相互学习功能。教师以同行的身份、同伴的姿态、朋友的口气与其他教师进行相互学习交流，这种相互尊重的环境是最祥和宽松的，也最能消弭竞争带来的紧张，化解工作中可能存在的矛盾。在这样的氛围中最能对同事的工作产生欣赏，对同事的成绩产生赞许，对同事的个性产生包容。所以，在教师阅览室设置这样一个区域，使老师们有了一个开放包容的互相学习空间。

2. 教师办公室

办公室是教师的日常工作室，也是教师教学的讨论室，还是进修学习的书房。推进教师办公室文化建设，丰富办公室文化内涵，创建温馨和谐的办公室，既有利于展现学校风采，提升办学品位，同时也对促进教师发展，形成积极向上的团队，构建和谐校园有着独特的意义。

▲教师办公室

教师办公室布置以“高雅、美观、整洁、实用”为标准，体现“温馨、和谐、学习”的原则，重在营造富有特色的文化氛围。

办公室的规范要求：

（1）物品摆放有序，室内清洁卫生。各项物品要求摆放整齐、有序、美观，实用、管理便捷。保持办公现场的洁净，养成随时自觉保持、维护环境卫生的良好习惯，加强用水用电的安全意识。

（2）布置合理规范，彰显文化品位。在特定的主题下，通过植物、挂画、书法、照片、文字等方式将办公室成员的共同愿景、办公氛围与校园文化氛围体现出来。通过教师群策群力设计布置办公室，营造一种团结、协作、积极的个性化的办公室文化，以便向学生做出表率，提高工作效率。环境布置新颖，个性鲜明，创意妙，文化品位高。装饰物品要体现教育特色。

（3）适当绿化和美化，气氛清新活泼。利用室内墙壁、办公（玻璃）桌面等空间开展艺术布置，利用其他空间合理种植盆栽绿化。绿化和美化布置要体现所在办公室的个性特征和动态特点，体现教师的个性创造。

（4）成员团结和谐，精神风貌良好。加强办公室文化建设，形成团结、和谐、文明、向上的文化氛围。

3. 教师书法室

▲教师书法室

4. 教师第三空间

所谓第三空间，相对的是第一空间（居住空间）和第二空间（工作空间）。指的是一种自由游走于工作与家庭“中间地带”的过渡空间，是一种专属于自己的、让自己的精神彻底休闲放松的栖息之所。学校需要营建一些具有放松心情、交流工作、转换情绪的特殊场所，它是教师除了教室、办公室之外可以兼具专业工作和放松身心的舒适空间。优质设计的“第三空间”，对减缓教师的工作压力，放松情绪与凝聚人心，促进专业对话与沟通，提升幸福感，具有不可忽视的价值。它是倡导自由、平等、宽松交流的第三方平台。

▲教师第三空间

第三空间整体打造的是家的味道，用白色、原木纹色、灰色，整体布局有吧台、休息区、电子阅览区、小型交流区等，让老师们在紧张的工作之后进入完全的休息放松状态，以便更好地投入工作。

二、活动场所

（一）翡翠剧场

▲可容纳300余人的翡翠剧场（2017.9.4）

（二）运动场

▲翡翠城学校运动场（2017.9.1）

▲室内运动场（2017.9）

▲学生练习曲棍球（2017.10.13）

（三）游乐场

▲翡翠城学校学生游乐场设计（2016.8.10）

三、生活场地

（一）翡翠餐厅

1.“豪华”的食堂

2017年8月29日，开学的前一天晚上，我有幸参观了翡翠城学校的自办食堂。我被这所学校豪华的食堂大厅、精致的烹饪工具吸引了。于是，我拿出手机拍下以下照片，与大家分享。

▲学生的餐厅（2017.8.29）

▲食堂大厅配套设施（2017.8.29）

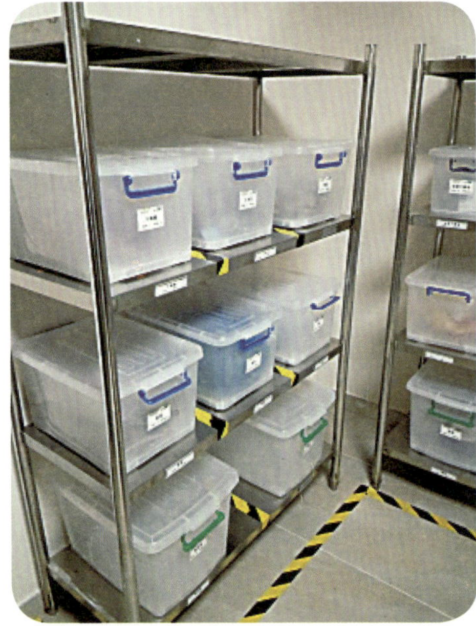

▲食堂副食品仓库的精致管理（2017.8.29）

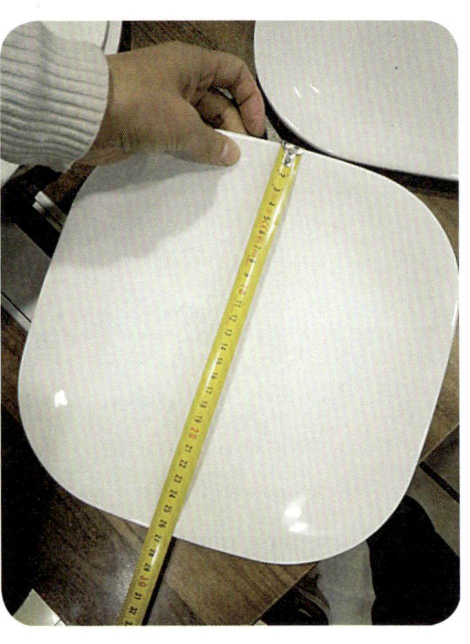

▲精心挑选的食堂餐具（2017.8.29）

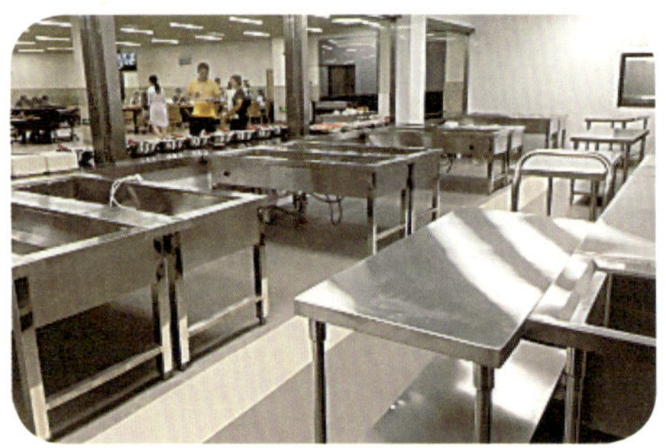

▲食品供应窗台（2017.8.29）

▲食品加热机（2017.8.29）

▲豆浆机（2017.8.29）

▲炒菜锅（2017.8.29）

▲蒸饭机（2017.8.29）

▲面条机（2017.8.29）

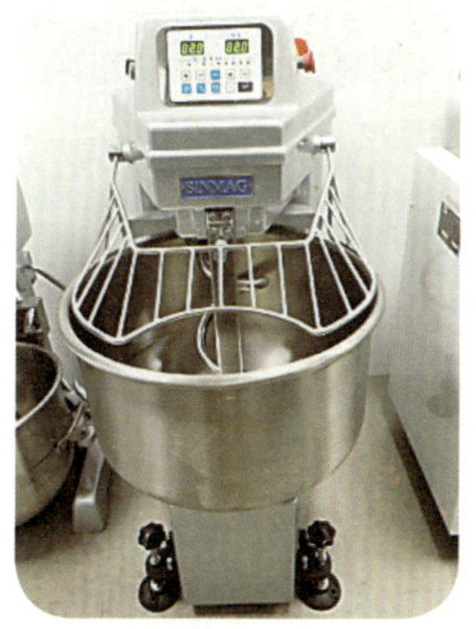

▲搅拌机（2017.8.29）

▲烤饼机（2017.8.29）

▲地面冲水器（2017.8.29）

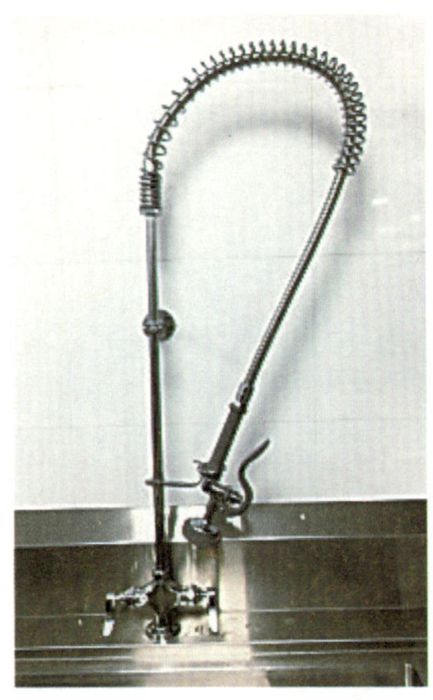

▲冲水器（2017.8.29）

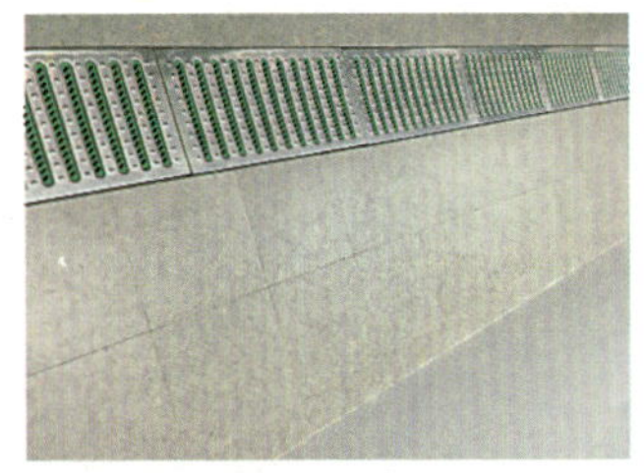

▲地面漏水装置（2017.8.29）

▲蒸菜机（2017.8.29）

2. 可口饭菜

▲翡翠城学校食堂自烧的第一顿教师自助餐

▲翡翠城学校食堂自烧的第一餐（2017.9.7）

3. 文明用餐

学校对学生进行文明用餐教育。9月刚开学，学校就对孩子们上了一堂量身定做的餐厅礼仪大课。通过观看大米的生长过程，把粮食从生产到餐桌的过程以生动的形式展现在孩子们面前，让孩子们了解了粮食的来之不易，知道要珍惜粮食，并积极做到“光盘”。

▲教师为学生讲解文明用餐（2017.9.6）

▲学生安静地用餐（2017.9.22）

学校向全体家长和学生征集“悯农卡”设计活动，练席小朋友和家长一起设计的作品，脱颖而出，成为学校“悯农卡”。在翡翠餐厅光盘的小朋友还能得到“悯农卡”奖励呢！同时，通过卡通视频这种直观的形式，让孩子们了解到为什么就餐时不能说话，餐后不能剧烈运动等科学知识。安静就餐的规则在孩子们行动中落地。

一年级小朋友比较活泼好动，如何让他们能够遵守就餐规则呢？学校设计了有趣的“红绿灯”游戏。就餐前，每个餐桌放着代表“绿灯”的提醒牌。如果孩子们就餐保持安静，就能保持绿灯行的状态，并得到加分。为了得到“绿灯”奖励，小朋友们非常安静有序地就餐。通过一系列的教育活动，我们仿佛看到了一种生长的力量！

4.“阳光厨房”

诗歌是什么？诗歌是精神的食粮。今天，我们却要这样说，食物是物质的诗歌。关于食物，每个人都有着独特的趣味记忆，学校的食物又应该有怎么样的记忆？那就是一种安全的信赖，一种家的温暖，一种爱的分享，一种成长的力量。

“学校的饭菜太好吃了，比我妈妈做得还好吃！”

“爸爸，你没有吃完碗里的饭菜，这样做是不对的！”

“老师，这是我的生日面，我要和同学们一起分享！”

“哇，我们还可以做出那么多五颜六色的饺子，看得我直流口水！”

“学校的午餐太好吃了！要是天天来做义工那就太幸福了！”

“不是吧，今天午餐吃的青菜是我们屋顶农场自种的？太幸福了！”

……

在翡翠餐厅，我们常常能听到这样动人的“诗歌”。

（1）规范的建设。健康和安全是学校餐厅的头等大事。从新设备的验收到调试、试用，从原料的验收到加工烹饪、从五常标识的梳理到设计制作、从员工的学习组织到日常管理……翡翠城学校都用认真负责的态度在践行，用严格的程序和流程不断规范。

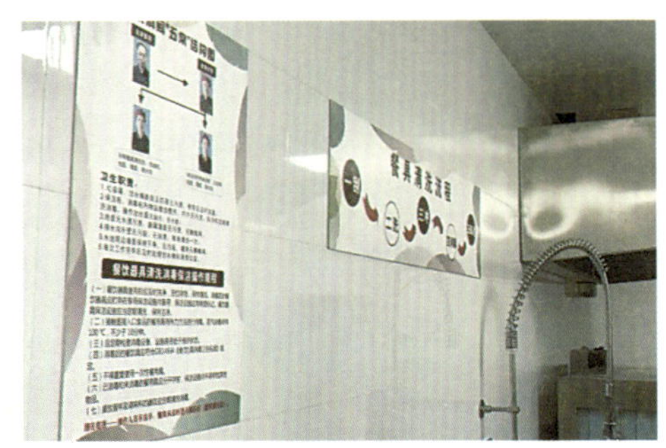

▲食堂的规章制度（2017.8.30）

（2）可口的饭菜。餐盘的大小、深度适合孩子吗？什么样的筷子更适合孩子使用？是直接用餐盘装饭还是用碗？适合孩子吃的肉该切多大、煮到多少酥软？……一串串的自我审问，一次次的完善和优化，我们抱着一丝温暖的情谊，处处考量、细细推敲，期望用点滴的优化细节营造一个充满温情的餐厅。

▲员工在配菜（2017.9.20）

▲员工在为学生分饭菜（2017.9.20）

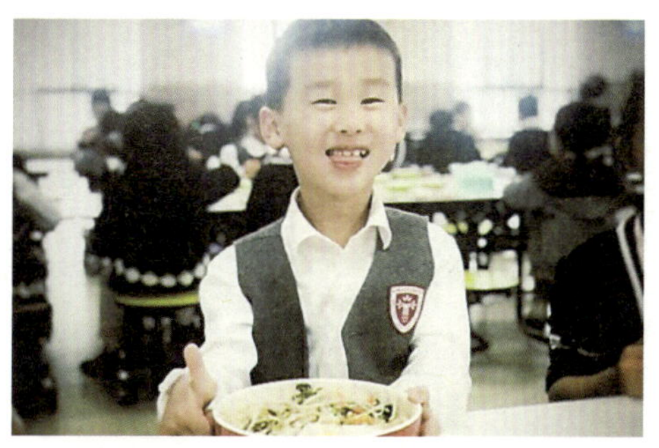

▲学生用餐时的“大姆指”（2017.9.20中午）

▲员工在精选蔬菜（2017.10.20）

（3）精心挑选。开学近两个月，通过学校的逐步建设和不断完善，学校食堂就获得了师生、家长和主管部门的认可和肯定，被评为余杭区“阳光厨房”！

校长助理陈兴苗参与翡翠城学校早期的设计、建造和装饰，并负责学校的后勤管理等工作，为翡翠城学校的建设、发展付出了智慧和辛劳，做出了很大的贡献。

▲校长助理陈兴苗与翡翠小厨（2017.10）

（二）午休间

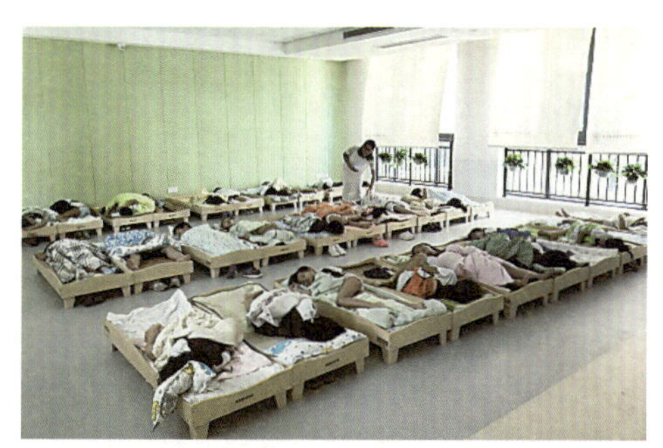

▲翡翠城学校学生午睡：男生区（2017.9.4）

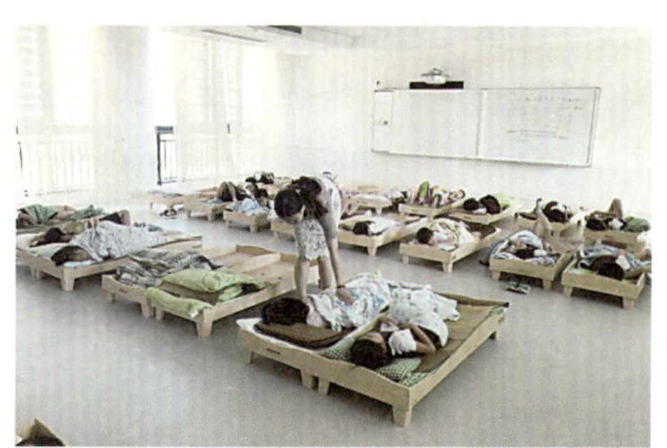

▲翡翠城学校学生午睡：女生区（2017.9.4）

（三）翡翠农场

身处杭城，我们都期望拥有一片养眼的绿色，可能是草色青青的庭院，也可能是案头的一盆小植物。在翡翠城学校，却拥有一个“屋顶农场”！开学两个月，学校的屋顶农场开始收获了，青菜、香菜、芥菜……一片接着一片，慢慢

▲翡翠城学校屋顶农场（2017.10.11）

▲员工为屋顶菜园的菜浇水（2017.10.16）

地，这里不仅会成为孩子们实践的乐园，更将成为学校一道独特的风景线。

从以上翡翠城学校的各种景象，可以看出该校对学校文化的思考和追求。

物质文化是指学校文化的空间物质形式，是学校精神文化的物质载体。教育物质文化有两种表达方式：一是学校环境文化，包括校园的总体结构和布局、校园绿化和美化、具有教育含义的教育和教学场所以及校园环境卫生等。二是学校设施文化，包括教学仪器、图书、实验设备、办公设备和后勤保障设施等。以上内容构成一种独特的文化内涵。

在校园文化建设中，精神文化是目的，物质文化是实现目的的途径和载体，是推进学校文化建设的必要前提；物质文化建设是校园文化建设的重要组成部分和重要的支撑。校园物质文化，属于校园文化的硬件，是看得见摸得着的东西。校园物质文化的每一个实体，以及各实体之间结构的关系，无不反映了某种教育价值观。

完善的校园设施为师生员工开展丰富多彩的寓教于文、寓教于乐的教育活动提供重要的阵地，使师生员工教有其所、学有其所、乐有其所，在求知、求美、求乐中受到潜移默化的启迪和教育。完善的设施、合理的布局、各具特色的建筑和场所，将使人心旷神怡、赏心悦目，将有助于陶冶校园人的情操，将塑造校园人的美好心灵，将激发校园人的开拓进取精神，将约束校园人的不良风气和行为，将促进校园人的身心健康发展。

1. 校园文化是一种氛围、一种精神

校园文化是学校发展的灵魂，是凝聚人心、展示学校形象、提高学校文明程度的重要体现。校园文化对学生的人生观、价值观产生着潜移默化的深远影响，而这种影响往往是任何课程所无法比拟的。健康、向上、丰富的校园文化对学生品性的形成具有渗透性、持久性和选择性，对于提高学生的人文道德素养，拓宽同学们的视野，培养高素养的“翡翠人”具有深远意义。

2. 校园文化是学校的文化品位

古人云："近朱者赤，近墨者黑。"有位哲人也曾说过："对学生真正有价值的东西，是他周围的环境。"学校的校容校貌，表现出一个学校整体精神的价值取向，是具有强大引导功能的教育资源。校园文化作为一种环境教育力量，对学生的健康成长有着巨大的影响。校园文化建设的终极目标就在于创建一种氛围，以陶冶学生的情操，构筑健康的人格，全面提高学生素养。因此，要加强校园文化建设，发挥学校师生在校园文化建设中的主体作用，构筑全员共建的校园文化体系。要树立校园文化全员共建意识，上至学校领导、下至每个师生员工都要重视、参与校园文化建设。

3. 校园文化是一所学校综合实力的反映

校园文化建设包括学校物质文化建设、制度文化建设和精神文化建设，这三个方面的全面、协调的发展，将为学校树立起完整的文化形象。校园文化是一所学校综合实力的反映，校园文化的核心竞争力主要表现在文化的凝聚力和创造力，优秀的校园文化能赋予师生独立的人格、独立的精神，激励师生不断反思、不断超越。

校园文化作为一种文化形态，它所包含的内容是十分广泛的，它通过丰富多彩的内容和各种各样的形式对学生价值观念、道德情操、思想内涵和行为模式的形成和发展起着较深的影响。

2016年11月9日，方建兰校长视察学校建设工地，脚陷泥潭，艰难行走。这大概也是一道美丽的风景吧。

▲方建兰校长对早期学校建设视察的情形（2016.11.9）

第二部分 翡翠城之学

第四章 活动中学

翡翠城学校学生的学习基于“活动理论”。

活动是受完整的目的和动机系统制约，由一系列动作构成的系统。活动总要指向一定的对象，离开对象的活动是不存在的。活动总是由需要来推动的，人通过活动改变客体使其满足自身的需要。人对客观现实的积极反映、主体与客体的关系都是通过活动而实现的。

学生的心理、意识是在活动中形成和发展起来的。通过活动，人认识周围世界，形成人的各种个性、品质。反过来，活动本身又受人的心理、意识的调节。这种调节具有不同的水平。肌肉的强度、运动的节律是在感觉和知觉水平上进行的调节，而解决思维问题的活动则是在概念水平上进行的调节。

活动可以分为外部活动和内部活动。从发生的观点来看，外部活动是原初的，内部活动起源于外部活动，是外部活动内化的结果。内部活动又通过外部活动而外化。这两种活动具有共同的结构，可以相互过渡。

人的活动有三种基本形式：游戏、学习和劳动。这三种形式的活动在人们不同发展阶段起着不同的作用，其中有一种起着主导作用。例如在学龄前，儿童的主导活动是游戏。到了学龄期，游戏活动便逐步为学习活动所取代。到了成人期，劳动便成为人的主导活动。刚入学的儿童处于游戏与学习的过渡，所以，此时的活动具有鲜明的游戏性。

▲翡翠城学校班班都有教室内的活动角（2017.9.28）

一、学校活动

翡翠城学校制定“以活动推进学生学习”的策略，初步形成了活动的体系：学校有活动总体设计，教师有活动的具体方案。有学校层面的活动，有班级层面的活动，有学生层次的活动。既有校内的活动，也有校外的活动，还有家长的亲子活动。

（一）活动总体设计

总策划：方建兰

后勤总负责：陈兴苗

项目执行：陈贤彬

1. 活动管理

教学巡视：陈兴苗　徐华芳

放学管理：徐华芳

2. 活动时间

内容	时间	备注
选修课程	15：20—16：20	点心：15：05—15：20 整理及放学：16：10—16：20
四点半课程	16：30—17：30	点心：16：20—16：25 整理及放学：17：20—17：30

3. 教师、教室安排

（1）选修课教师、教室安排

课程	教师	教室
小主持	匡　澜	一（1）班
英语剧	陈巧辉	一（5）班
手工造型	吴佳芮	翡玉楼一楼陶艺教室1
大提琴	汪悠扬	翡玉楼四楼器乐练习室1（东）
尤克里里	何　超（外）	翡玉楼四楼音乐教室2（西）
古筝	杨晟龙女（外）	翡玉楼四楼古筝教室
少儿舞蹈	任思思	紫玉楼一楼舞蹈教室
少儿街舞	吴方波（外）	翡玉楼四楼音乐教室1（西）
创意乐高	郭瀚远	黄玉楼二楼二（3）班
玩转数学	李天影	一（2）班
足球	肖华龙	足球场
围棋	文　轩（外）	黄玉楼一楼二（1）班
曲棍球	Maryke	足球场

（2）四点半课程教师、教室安排

周一、周二“学科辅导/中英文阅读”（学科辅导、阅读各30分钟）

时间	一（1）班	一（2）班	一（3）班	一（4）班	一（5）班
周一	李天影 （中）	金　珊（英）	汪悠扬（单中） 郭瀚远（双中）	华丽佳 （英）	徐华芳（双中） 郭瀚远（单中）
周二	匡　澜 （英）	李天影（单中） 陈贤彬（双中）	金　珊（英）	郭瀚远 （中）	陈巧辉（英）

周三、周四“社团课程”

课 程	教 师	教 室
硬笔书法	陈贤彬	一（4）班
趣味配音	金　珊	一（3）班
儿童陶艺	吴佳芮	翡玉楼一楼陶艺教室1
儿童创想画	陈兴苗	黄玉楼一楼二（2）班
葫芦丝	杨明生（外）	翡玉楼四楼器乐练习室1（东）
架子鼓	李伟伦（外）	翡玉楼四楼琴房
科技小乐高	郭瀚远	黄玉楼二楼二（3）班
足球（提高）	李祥鹏（外）	足球场
国际象棋	何晓东（外）	黄玉楼二楼二（1）班

4. 教学考核和展示制度

（1）每学期进行教学考核，考核内容分课程计划、教学常规、问卷调查、课程展示。

考核项目	课程计划	教学常规	问卷调查	课程展示	总分
考核分值	20	20	20	40	100

（2）课程结束后，要组织进行课程展示。分活动展示和展板展示。活动展示要求每一位学生参与。每一个课程负责一块展板内容。

（二）活动项目设计

下面重点介绍吴佳芮老师《陶瓷艺术》的活动设计：

课程简介

课程名称	陶瓷艺术设计（大拙工作室）
课程简介 （100字内）	低段陶艺的学习主要侧重于培养孩子的动手能力、空间感，在设计的过程中帮助孩子养成发散的思考方式。孩子们可以通过自由的创作方式，打开想象力的窗户，创作出多样、丰富的陶艺作品，并在动手中收获成长、自信与快乐
招生人数 及要求	1.招生范围：1—2年级学生 2.招生人数：不超过15 人 3.是否需要提前选拔：否

课程实施计划

学习时间	教学目标及主要内容	学 时	学分合计
总二学期	课程主要培养孩子的动手能力、空间感，在设计的过程中帮助孩子养成发散的思考方式。包含了平面装饰、立体塑造、翻模、釉下彩、釉上彩等大部分制陶方式	60学时	120学分
第一学期（一品）	以平面的作品为主，辅以少量的立体作品，让孩子们先适应陶艺课程，并了解制陶的过程，初步掌握泥性	30学时	60学分
第二学期（二品）	加大立体作品的量，并提升了作品的精细度与难度，主要培养孩子们的动手能力，并鼓励他们大胆地发挥想象力，自由地创作	30学时	60学分

课程第一学期学习安排表

周 次	学习内容	学 时	基础学分
第一周	《有趣的泥条》：陶艺基础，初步了解陶艺作品制作流程、了解中国陶瓷史，尝试搓泥条，利用泥条来创作一幅画	2学时	4学分
第二周	《我的泥条花盆》：初步了解立体作品的制作方法，掌握泥条的黏合方法，了解陶艺工具的使用	2学时	4学分
第三周	《有趣的泥片》：小组合作，学习泥板机的使用、泥板的制作，完成创意的泥板花插	2学时	4学分
第四周	《猜猜我是谁1》：利用泥板、泥条以及掌握的陶艺工具，制作出一个平面的动物或人物肖像	2学时	4学分
第五周	《我给陶艺化个妆1》：学习化妆土的有关知识及使用，了解上釉的多种方法，为已完成作品上釉，有机会可以带孩子一起装窑，体验烧窑的乐趣	2学时	4学分
第六周	《不会枯的树叶1》:学习手擀、工具拍泥片的方法，初步掌握泥块的干湿程度，学习制作轻巧的泥片	2学时	4学分
第七周	《不会枯的树叶2》：利用点线面，用釉下彩的方式为树叶装饰，班级合作完成一个树叶门帘	2学时	4学分

第八周	《风铃1》：感受瓷土的特性，并尝试用手捏的方式，设计制作出一个精致的风铃	2学时	4学分
第九周	《风铃2》：进一步掌握釉下彩的装饰手法，为风铃设计合适的装饰纹样	2学时	4学分
第十周	《镂空花器1》：学习镂空花器的制作手艺，小组合作完成大型镂空花器	2学时	4学分
第十一周	《镂空花器2》:学习釉上彩的装饰手法，并初步掌握	2学时	4学分
第十二周	《刻章花纹》：学习肌理的概念，初步了解阴刻与阳刻，采用阳刻的手法，设计并制作四到五个刻章花纹	2学时	4学分
第十三周	《陶瓷印章》：进一步了解阴刻与阳刻，采用阴刻的手法，设计并制作自己的印章	2学时	4学分
第十四周	《我的翡翠小屋1》：综合手捏、泥条、堆积的手法，设计并制作一个翡翠屋	2学时	4学分
第十五周	《我的翡翠小屋2》：为翡翠小屋设置场景，并上釉装饰	2学时	4学分

课程第二学期学习安排表

周 次	学习内容	学 时	基础学分
第一周	《编织花器》：了解翻模原理，学习翻模工艺，利用编织的泥条，小组合作设计完成一个花器	2学时	4学分
第二周	《绞胎餐具1》：了解绞胎的原理，尝试制作4-5种不同的绞胎花纹	2学时	4学分
第三周	《绞胎餐具2》：利用绞胎花纹制作整套的餐具	2学时	4学分
第四周	《绞胎餐具3》：继续制作餐具，并为餐具上釉	2学时	4学分
第五周	《软陶首饰1》：了解软陶的特点，并学习首饰制作的要点，设计并制作创意首饰	2学时	4学分
第六周	《软陶首饰2》：总结首饰创作的不足与经验，继续创作更有张力的首饰	2学时	4学分
第七周	《瓦当》：了解中国的瓦当文化，并尝试设计制作瓦当	2学时	4学分

第八周	《猜猜我是谁2》：学习立体肖像的制作方法，单独完成一个立体人物肖像	2学时	4学分
第九周	《我给陶艺化个妆2》：为之前的陶艺作品上釉、装饰	2学时	4学分
第十周	《百变热带鱼》：学习泥条的装饰手法，设计并制作一条半立体的装饰鱼	2学时	4学分
第十一周	《我的人偶娃娃1》：了解人偶娃娃制作的流程与要点，画初步设计稿，制作头部	2学时	4学分
第十二周	《我的人偶娃娃2》：学习陶泥衣物的制作方法，完成人偶的服装	2学时	4学分
第十三周	《我的人偶娃娃3》：学习人偶四肢的制作方法，完成四肢，并拼接人偶	2学时	4学分
第十四周	《创意瓷板画1》：了解瓷板画的原理及流程，学习毛笔的基础用法，釉料的用法，设计并制作瓷板画	2学时	4学分
第十五周	《创意瓷板画2》：了解瓷板画肌理，尝试为瓷板画制作1–2种肌理	2学时	4学分

课程测评

学习时间	学习内容	测试内容	评价标准
第一学期	1.正确掌握多种类型陶艺创作的技法与流程，熟悉各类陶艺工具的使用方法 2.能独立创作小型泥片、泥条作品 3.养成良好的陶艺学习和创作习惯	在规定时间内，独立设计并完成一座翡翠小屋	观察创作过程是否合理正确：10分 观察是否文明地使用各种工具和材料：10分 观察是否能根据设计方案进行有效创作：20分 观察造型是否新颖有创意：10分 观察是否能娴熟地掌握各种创作技法：30分 观察成品是否完整：20分
第二学期	1.正确掌握多种类型陶艺创作的技法与流程，熟悉各类陶艺工具的使用方法 2.能独立进行翻模、上釉 3.养成良好的陶艺学习和创作习惯	在规定时间内，根据主题，独立设计并完成一幅瓷板画	观察创作过程是否合理正确：10分 观察是否文明地使用各种工具和材料：10分 观察是否能根据设计方案进行有效创作：20分 观察造型是否新颖有创意：10分 观察是否能娴熟地掌握各种创作技法：30分 观察成品是否完整：20分

课程资源支持计划及预算表

序 号	品 名	数 量	单 价	备 注
1	反穿衣	16	50	可印学校logo
2	陶泥、瓷泥			
3	软陶			
4	模具	8	50	
5	肌理工具	10	35	
6	塑料布	10	11.5	0.6×10 m
7	布	10	3—10	压泥机上使用
	纸筒	20	2.5	镂空花器
	木尺33cm	30	9	镂空花器
	釉下彩（套）	4	160	
	釉上彩（套）	16	20	
	盘子	18	3	瓷板画
总计				

注：

1. 请根据教学计划和内容填写教学资源采购相关内容，并完成测算。
2. 本表所填内容包含与教学计划相关的各类教具、学具以及评价、展示用品。
3. 采购内容经学校审批后由教师自主采购（必须提供正规合同、发票、清单）。
4. 采购完成后于一周内按学校财务报销流程办理报销手续，一学期统一办理一次。

▲吴佳芮在上陶艺课（2018.1.2）

二、学生活动

翡翠城学校一开学，就创造条件，积极地开展了丰富多彩、精彩纷呈的各种类型的学生活动。

（一）升国旗活动

认识国旗、校旗

——绿城育华翡翠城学校2017学年第一学期第二周升旗仪式课方案

▲升旗仪式第一课

一、活动目的

1.通过“识国旗—敬国旗—爱国旗—升国旗”，让学生了解国旗的意义，激发他们热爱国旗、热爱祖国的情感。

2.通过参加升国旗仪式，让学生知道升国旗时候的礼仪要求并能认真努力去做到。

二、活动时间：2017年9月4日（周一）

三、参加人员

“识国旗 爱祖国”大课：正副班主任及有任务的老师。

“升旗仪式”：全体教职工参加。

四、活动流程

序 号	时 间	主要流程	地 点	负责人
“识国旗 爱祖国”大课				
1	8:20—9:00	1. 介绍国旗	演播厅	徐华芳
		2.介绍校旗、校徽		陈兴苗
2		2.看“升旗仪式”视频		郭瀚远
3		3.体验“立正”“行注目礼”		肖华龙
4		4.唱国歌		任思思

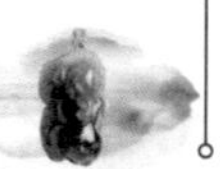

<table>
<tr><td colspan="5">按课表始业教育</td></tr>
<tr><td>5</td><td>9:10—9:50</td><td>班主任始业教育（排队）</td><td>本班教室</td><td>班主任</td></tr>
<tr><td colspan="5">升旗仪式</td></tr>
<tr><td>6</td><td rowspan="4">9:50—10:20</td><td>1.学生整队到操场</td><td rowspan="4">操场</td><td>班主任</td></tr>
<tr><td></td><td>2. 升国旗、唱国歌。流程：
（1）翡翠城学校第二周升旗仪式现在开始
（2）全体肃立行注目礼
（3）请校长助理陈兴苗老师升国旗
（4）任思思指挥</td><td>陈兴苗
任思思</td></tr>
<tr><td>7</td><td>3.请方校长为我们做国旗下讲话</td><td>方建兰</td></tr>
<tr><td>8</td><td>4.翡翠城学校第二周升旗仪式到此结束。各班按秩序回教室</td><td>班主任</td></tr>
</table>

五、准备工作

内 容	负责人	工作要求
国旗介绍	徐华芳	PPT，介绍国旗的意义，知道用怎样的心去看待国旗
硬件准备	郭骁林	音响播放、话筒准备
升国旗前准备	陈兴苗	降好国旗，卷好备用
班级行走	班主任	出操队伍：102. 101. 103. 105. 104.
演播厅座位	肖华龙	组织各班有序入座

六、特别提醒

1.着装要求：教师穿正装，规范佩戴工作证。

2.学生穿短袖校服。

3.升旗仪式时，全体教职工排成一行，站在学生队伍的后面。

杭州绿城育华翡翠城学校

2017年9月3日

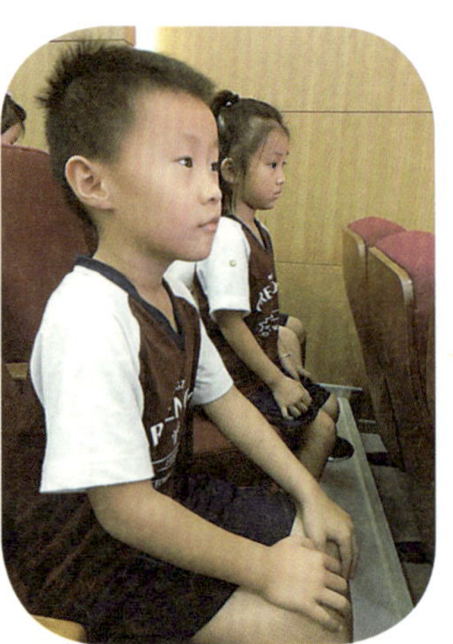

▲后期迎接国庆节的活动照

（二）旅行活动

游西溪博物馆　悟湿地文化潮

——2017学年第一学期杭州绿城育华翡翠城学校人文课程之旅

一、活动时间：2017年11月3日（周五）9：00—14:30（学生到校时间不变，放学为15:00）

二、活动地点：西溪湿地博物馆

三、活动目的：

本次游西溪湿地博物馆，开启了杭州绿城育华翡翠城学校人文之旅。主要目标：

1．通过出行前期的指导与学习，知道我们学校处在西溪湿地之畔，对西溪湿地的地理位置、环境和文化有初步的了解。

2.通过参观西溪湿地博物馆，了解更多湿地的文化，并产生保护湿地、保护环境的愿望。

3.通过外出活动，带领学生走进大自然，引导他们在生活中识字，找找秋天的落叶，观察大自然的变化，感受秋的气息，寻找秋天的美，并用照片、绘画、心情日记等形式记录下来，与同学交流分享。

四、活动管理组织

岗位（职责）	姓 名	电 话
总策划	方建兰	13989809759
后勤总负责	陈兴苗	15858180898
课程负责	陈贤彬	13735512877
活动组织	徐华芳	13806520909
应急管理组	组长：方建兰 舆情应对：★陈兴苗　汪　萍 后勤保障：★许小连　肖华龙 活动组织管理：陈贤彬 医务应急：★汪　萍　宋杏子	

五、活动流程

序 号	活动内容		地 点	负责人
1		大课：西溪印象、外出礼仪	演播厅	华丽佳　王　萌
		科学：捡树叶	班级	郭骁林
	启动课程 10.27—11.2 （周五—周四）	美术：做信封（装树叶）	班级	吴佳芮 陈兴苗
		体育：活动游戏设计练习		王　萌 肖华龙
		班级常规、家校合作	各班	班主任
2	实地体验 11.3（周五当天）	参观西溪湿地博物馆	西溪湿地	陈贤彬、正副班主任
		分班活动指导： 1.捡落叶 2.学科整合活动（音乐、体育：唱歌，做体育团队游戏；语文拼音活动：摆一摆、拼一拼）	草坪	班主任、王　萌、肖华龙

3	回顾分享（后一周）	树叶贴画或画画	教室	郭骁林、美术老师
		观天下交流：心情日记	教室	班主任、语文老师
		生活中识字照片	微信群、小报	班主任、语文老师
4	人文之旅展览 11.10（周五）	1.树叶贴画或画画+一两句话心情日记 2.观天下交流 3.生活中识字报（照片）	草坪旁	班主任、语文老师、美术老师

六、活动要求

序号	内容	负责人	要求	审核人
1	湿地联系	肖华龙	1.联系西溪湿地博物馆4D影院 2.活动路线设计配合	陈贤彬
2	包车联系	肖华龙	1.包车联系：35座车5辆。联系人、车牌号，8：40到校，14：00指定地方接 2.车号打印：打印车号，交给各车辆召集老师，各车辆召集老师将车号贴在车上（肖华龙）	陈兴苗
3	展板准备	吴佳芮 肖华龙	翡翠书院东外廊展览区域，确定展板大小，准备各班展板（11月6日前购置好，11月10日前展出）	陈兴苗
4	餐饮保障	肖华龙	1.当天学生回校后吃水果点心，14：20送到各班教室 2.教师中餐订饭	许小连
5	倡议书	华丽佳	倡议家长为孩子准备爱心便当，出行垫的坐垫	徐华芳
6	大课：西溪印象、外出礼仪	华丽佳 王　萌	1.通过视频、讲解等方式介绍西溪湿地（地理位置、环境和文化） 2.外出的文明、卫生、纪律、安全等要求	徐华芳
7	科学：捡树叶	郭骁林	认识秋天的树叶，介绍相关科学知识，介绍做书签的方法。拍照：1.全班课堂照片；2.学生制作近照	陈贤彬
8	美术：做信封（装树叶用）	美术老师	指导孩子自己动手制作信封，放树叶书签用。拍照：1.全班课堂照片；2.学生制作近照	陈贤彬
9	体育：活动游戏设计练习	王　萌	设计几个可以在户外团队活动的游戏。课堂练习，并培训班主任，体现小朋友合作，每个班级可以不一样	陈贤彬

10	班级常规、家校合作	班主任	1.班级安全教育落实 2.活动过程中拍照：路上引导学生生活中识字，拍路牌等照片，回来发班级群，并打印编报 3.通知学生穿统一校服：衬衫+毛衣背心+运动外套+长裤子（根据天气可以增加毛衣长袖）	徐华芳
11	回顾展览	郭骁林、美术老师语文老师	做树叶贴画，写上一二句秋游心得等，鼓励用上拼音	陈贤彬
12	观天下交流	班主任、语文老师	观天下交流：心情日记 拍照记录：学生交流发言近照1张、有学生在介绍，全班聆听1张。（要求PPT背景，主题：观天下交流——人文之旅之西溪印象）	陈贤彬
13	家长群微播报	班主任、语文老师	生活中识字照片打印，张贴	徐华芳
14	人文之旅展览	班主任、语文老师、美术老师	1.树叶贴画或画画 2.观天下交流 3.生活中识字报（照片）	徐华芳
15	人文之旅奖状打印	吴佳芮	周三前打印好“人文之旅文明小使者”（每班10张）“人文之旅文明班级”奖状	徐华芳

七、活动宣传

内容	负责人	工作要求
大屏幕PPT	宣传组 郭骁林	1.门厅PPT第一页：“游西溪博物馆　悟湿地文化潮”人文课程之旅开启啦 2.当天拍照
拍照片	郭骁林	1.每个正副班主任拍照片：全班在博物馆门口、讲解员介绍、全班专注参观、体现西溪文化的全班全景活动照片、就餐、5个小组合作活动，以上场地集体活动照各1张（合计10张）、体现个人照各2张（合计20张） 2. 正副班主任路上引导学生生活中识字，拍路牌等照片，回来发班级群，并打印编报
公众号文稿撰写	宣传组	1.启动课程：华丽佳负责文字稿撰写、图片收集 2.体验课程：汪悠扬负责文字稿、图片收集 3.回顾展览：匡澜负责文字稿、图片收集。 建议每个环节都可采访几个孩子，说说人文之旅感受。 总体文字稿华丽佳统稿，10日完成公众号编辑审核（汪萍、汪悠扬、吴佳芮、郭骁林）

杭州绿城育华翡翠城学校

2017年10月22日

附件1：

游西溪湿地博物馆整合课程建议

一、知湿地，晓礼仪

组织方式：年级大课。

学科整合：道德与法治和语文整合。了解西溪湿地，学习参观礼仪。

二、做信封，装树叶

组织方式：班级

学科整合：美术、科学、语文整合。美术课上做信封。学生捡来树叶布置双休日做树叶贴画。可以在贴画上写上自己的心得（可以用上一些拼音）。

三、参观博物馆，分享收获

组织方式：班级

学科整合：科学与语文。以班级为单位参观，分享生活识字，分享参观的收获。

四、围坐游园

组织方式：以班级为单位围坐成一圈。

学科整合：音乐、体育、语文（拼音：摆一摆声母、拼一拼“树叶”拼音等）

附件2：

杭州绿城育华翡翠城学校2017学年第一学期
西溪湿地人文之旅活动方案

一、活动主题

我和秋天有个约会

二、活动目的

1.通过参观西溪湿地博物馆，让学生了解更多湿地的文化，并产生保护湿地、保护环境的愿望。

2.通过外出活动，带领学生走进大自然，引导他们在生活中识字，找找秋天的落叶，观察大自然的变化，感受秋的气息，寻找秋天的美，并用照片、绘画、心情日记等形式记录下来，与同学交流分享。

3.在秋天的大自然中，让学生放开身心，快乐游戏。在活动体验中让学生学会互相合作，文明游戏，快乐分享。

三、活动时间：2017年11月3日（周五）

四、活动地点：杭州西溪湿地博物馆

五、出团人数

班级	总人数	参加人数	带队老师			不参加学生名单
一（1）班	29	29	匡　澜	王　萌	宋杏子	
一（2）班	30	30	李天影	吴佳芮	陈贤彬	
一（3）班	30	30	金　珊	汪悠扬	肖华龙	
一（4）班	30	30	华丽佳	任思思	郭瀚远	
一（5）班	30	30	徐华芳	陈巧辉	孙　芳	
总负责人：　方建兰				摄影：郭骁林　卫生：汪　萍		
年级总人数：学生149人 + 教师 18人（包括随队卫生室老师汪萍、宋杏子），共计：167人						

六 、活动准备

1.学生发展中心制定人文之旅方案、拟定通知，教师发展中心设计课程方案，保证活动质量。

2.班主任在11月1日（周三）放学前完成以下准备工作：

（1）发放通知；（2）学生分组，确定小组长；（3）明确本班学生与跟班老师的分配；（4）明确要带的物品要求（信封、爱心便当、水、餐布等）；(5)学生当天衬衫+毛线背心+运动外套+长裤校服（根据天气）。

七 、活动安排

（一）具体行程

时 间	具体内容
8：15—8：30	班里观看西溪湿地视频
8：30—8：50	正副班主任进班级，对学生进行行前教育
8：50 —9：00	带学生到校门口上车
9：20—9：30	到达目的地（杭州西溪湿地博物馆）
9：30—9：40	集合（活动前教育、活动安排预告）
9：40—10：40	参观博物馆，观看4D电影（参观时，由正副班主任做好讲解，4D观看顺序详见下表）

10：50—11：10	观察大自然，找树叶，收藏带回制作书签（分班级分小组进行）
11：10—12：10	午餐、休息（分班分小组进行）
12：10—13：40	游戏（分班分小组进行）
13：40—14：00	小组总结，颁发勋章和奖品
14：00—14：30	集合上车，返校
14：30—15：00	吃水果。各班总结，发放人文之旅文明小使者奖状（正副班主任负责）
15：00—15：10	放学

（二）4D参观轮流表（负一层）

场 次	时 间	学生安排	跟班老师	备 注
第一场	9：40—9：50	一（2）班10人	吴佳芮	先到负一楼看4D电影，再参观博物馆，吴佳芮和陈巧辉一头一尾，2班和5班共20人一起参观
		一（5）班10人	陈巧辉	
		一（3）班30人	金 珊 汪悠扬 肖华龙	
第二场	9：50—10：10	一（1）班29人	匡 澜 王 萌 宋杏子	先参观一楼，再到负一楼看4D电影，最后参观二、三楼
		一（2）班20人	李天影 陈贤彬	
第三场	10：20—10：40	一（4）班30人	华丽佳 任思思 郭瀚远	先到三楼参观下来，最后到负一楼看4D电影
		一（5）班20人	徐华芳 孙 芳	

（三）车辆安排及跟班老师

车辆及座位数	学生安排	跟车老师	车辆召集人
1号车辆37	一（1）班29人	匡 澜 王 萌 宋杏子	匡 澜
2号车辆50	一（2）班30人	李天影 吴佳芮 陈贤彬	李天影
3号车辆50	一（3）班30人、一（5）班15人	金 珊 汪悠扬 肖华龙 徐华芳	金 珊
4号车辆50	一（4）班30人、一（5）班15人	华丽佳 任思思 郭瀚远 陈巧辉 孙 芳	华丽佳

八、其他工作安排

1. 秋游通知拟稿并下发到各班：周三前下发。（徐华芳）

2. 车号打印：打印车号，交给各车辆召集老师，各车辆召集老师将车号贴在车上。（肖华龙）

3. 奖状打印：周三前打印好“人文之旅文明小使者”“人文之旅文明班级”奖状。（吴佳芮）

4. 教师午餐肖华龙老师负责，学生午餐和饮用水自备，提倡带健康食品。

九、安全预案

（一）行前安全文明教育

1. 提前动员，做好安全教育——鼓励班班争当“秋游文明班级”。

2. 学生着装统一穿校服，方便辨识。

3. 以班级为单位，班主任宣讲安全重要性、安全细则，把安全第一挂心间。每换一次场地前，需要清点人数，教育学生做到：（1）集合静齐快。（2）报数迅速。（3）行走中不玩耍、不打闹。（4）上洗手间要告知带队老师，由老师带队前往。

（二）乘车安全管理

及时带学生到相应车辆跟前，各车辆召集老师站在车门前负责学生上车，其他跟车老师上车管理学生坐下，清点人数。跟车负责人分配好车内老师分管学生任务，提醒学生不要把头和手伸出窗外，车内不喧哗，不吃东西，保持车内卫生整洁。

1. 上下车按顺序依次上下。

2. 在车上要坐好，不站立。

3. 下车后迅速排队。

（三）活动安全

1. 各班正班主任负责安排、协调本班学生与跟班老师的分配。

2. 在活动过程中正班主任在队伍前面，副班主任在队伍后面，尤其关注调皮的学生，教育学生不擅自离开队伍，有事必须告知老师，随时清点人数。

3. 在空地上用餐时，带队老师要关注每个小组的用餐情况，关注学生的安全和文明。

（四）应急措施

1. 备好医务箱。如有学生、老师晕车，活动中受伤等，跟车老师及时照顾，第一时间联系校医，及时处理。严重者，及时同步通知年级中层、组长、行政值周老师和家长。

2. 寻找学生。发现有学生不见，正副班主任立即同步通知学校行政值周老师和家长。各班立即原地待命，抽调一位老师寻找。

（五）联系电话：（各车辆召集老师要和司机留好联系电话，方便回程联系）

杭州绿城育华翡翠城学校

2017年10月24日

游西溪博物馆 悟湿地文化潮

——记杭州绿城育华翡翠城学校人文之旅

秋意浓，好秋游。金秋时节，2017年11月10日，我们杭州绿城育华翡翠城学校的小朋友们迎来了首次人文之旅活动——游西溪湿地博物馆。

启动课程，为出行奠定好基础

这是我们第一次外出活动，老师们为我们精心准备了启动课程——一堂名为《西溪印象》的外出礼仪课。看到视频中介绍的西溪湿地的文化和美景，我们已经迫不及待地想出发了！

▲王萌老师为我们介绍了外出要注意的安全事项，让我们明白了如何做到文明有序参观。我们一定会牢记老师的教导，快快乐乐出发，平平安安回家！

▲科学课，我们认识了秋天的落叶。美术课，老师教我们自己动手制作了小信封。我们准备在人文之旅活动中用自己做的小信封装捡来的落叶。

▲爱心便当，使旅程更温馨。

▲出行前，我和爸爸妈妈一起动手制作爱心便当

▲伙伴之间，彼此分享美食，其乐融融！

▲午餐时间，大家一坐下就迫不及待地吃起来！

丰富内容，变活动为课程

班级就像是我们温暖的家，让我们一起来晒晒我们的家庭成员团圆照吧！

▲走进中国湿地博物馆，我们了解到这是我国唯一一座由国家林业局批准兴建的以湿地为主题的大众化国家级专业博物馆。湿地里有好多小动物。我们希望所有人都一起来保护湿地，保护我们的地球。

▲我们一起观看了4D电影《熊猫传奇之谁是真英雄》，我们看到了800万年前的大熊猫祖先的冒险故事，我们好像看到了远古时期的地球和生物的样子。我们也明白了要学习大熊猫，学会和别人分享。

▲满地金色的落叶，那是秋天寄来的信件，告诉我们秋天到了。大家在草地上捡各种各样的树叶，回去，我们要做树叶贴画呢！

▲“给拼音找个家”“找朋友”“传话游戏”……草地上，我们一起快快乐乐做游戏，在游戏中学会了不少知识呢！

▲一路上，我们认识了不少新字。老师还帮我们拍下照片了呢！

展示交流，让收获更丰富

我们用捡来的树叶粘贴出美丽的秋天，用稚嫩的语言拼写出眼中的人文之旅。

▲我用笑容展现这次人文之旅最真实的感受，用我的语言和同学们分享人文之旅的收获！

▲一幅幅优秀的树叶贴画、一张张识字小报、一张张快乐的笑脸，记录下我们首次人文之旅满满的收获和难忘的回忆。

（三）国际文化节活动

翡翠之鸟，轻舞飞扬

——绿城育华教育集团第三届国际文化节开幕式参演侧记

▲学校舞蹈《翡翠鸟》（2017.11.6）

民族的就是世界的。2017年11月6日，绿城育华教育集团第三届国际文化节开幕。翡翠城学校在新学校开学一个月就排练了节目，参加了表演。一群翡翠城学校可爱的“小鸟”，在国际文化节的舞台上翩然起舞，用舞姿诠释了绿色、友爱以及生命的活力。

舞蹈《翡翠鸟》不仅选题与学校文化内核保持高度一致，从小演员的刻苦训练到辅导教师的辛勤指导，从节目的创意改编到舞台效果的把控，从彩排训练到正式演出，从演员接送到演出化装，更是一种团队文化的凝练、一次课堂的教学历练、一场家校合作的接力！

当然，最为可贵的依然是这群可爱的“翡翠鸟”，台上的轻舞飞扬，正是来自台下的刻苦训练，每一个舞姿都见证了他们的付出与努力。翡翠伢儿们利用自己的午休时间勤加练习 ，历时一个月，始终保持着热情，将最美的舞姿在此绽放！

翡翠之美，在其羽翼华美的色彩，更在于其成长的过程与活力，为每一个孩子的成长喝彩，为每一只“翡翠鸟”的展翅高飞喝彩！

▲学校排练《翡翠鸟》（2017.11）

（四）游园会活动

我学习　我智慧　我快乐

——一年级游戏模考之“翡翠王国游园会”

“翡翠王国”的大门打开了。翡翠伢儿们跳跃着、欢呼着……学校在一对一互动对话测评的基础上，2017年11月29日举行主题为“我学习　我智慧　我快乐”翡翠王国游园会，让学生在游园中得到评价和鼓励，获得成长的快乐。

在“翡翠王国”里，“汉语拼音乐园”“数学城堡”“英语冒险岛”，静候翡翠王国的伢儿们来进行快乐体验。

拼音乐园　乐在拼读

来到“汉语拼音乐园”，翡翠王国的伢儿们在小白兔或小长颈鹿的“肚子里”摸出一张张小卡片，再到测评员处自信地认读拼音，让闪闪的星星跑到自己的游园卡上。噢，还有猜谜语得大拇指。

▲汉语拼音乐园

▲数学城堡

数学城堡　轻松挑战

在数学城堡里，一棵知识大树上结着各色的“果实”。翡翠王国的伢儿们摘下自己喜欢的果子，快速做口算，轻松列算式，挑战聪明题，体验数学的奥妙。

▲英语小岛

英语小岛　勇闯过关

英语冒险岛里，“险关”重重，只有勇士才能到达胜利的彼岸。翡翠王国的伢儿们夹着皮球，听着指令，通过第一关；拿着卡片，读出单词，闯过第二关；英语对话，回答问题，成为闯关勇士。有趣的情境，轻松的氛围，伢儿们学习纯正的发音，感受英语的魅力。

伢儿有话“藏”不住

“游园会真好玩！拼音乐园、数学城堡和英语冒险岛都好有趣。”

▲“这些知识我都懂！看，这是我挑战得来的棒棒糖！”

游园活动边玩边检验了孩子们这一阶段的学习情况。能想出这么别出心裁的方式，学校真是用心良苦。孩子们通过自己的努力通关，笑得特别灿烂。

游园会在翡翠伢儿们的欢声笑语中结束了。这是学校对学生学习进行的一次阶段性评价，却让孩子们对学习充满无限乐趣、期待和信心。

三、亲子活动

（一）亲子课堂活动

迎国庆，话中秋

——2017学年第一学期节日主题活动暨亲子课堂方案

一、活动时间：2017年9月30日（周六）上午

二、活动地点：各班教室、学校餐厅

三、活动目的：

开展“迎国庆，话中秋”家校协同、亲子课堂主题活动，对学生开展爱国主义教育及传统文化教育。

1. 让学生在了解国庆、中秋的来历及过节的意义，吟诵相关诗歌的过程中，激发学生的爱国热情，对学生开展传统文化教育。

2. 通过品尝中秋月饼、亲子包饺子等活动，在生活中切实感受到中国的传统节日文化，感受团圆过中秋节的节日气氛。

四、活动管理组织

岗位（职责）	姓 名	电 话
总策划	方建兰	13989809759
后勤总负责	陈兴苗	15858180898
校园活动管理	★徐华芳 陈贤彬	13735512877
班主任培训	徐华芳	13806520909
应急管理组	组长：方建兰 舆情应对：★陈兴苗 汪 萍 后勤保障：★许小连 肖华龙 活动组织管理：陈贤彬 医务应急：★汪 萍 宋杏子	

五、活动内容

序 号	时 间	活动内容	地 点	负责人员
1	8：20—9：00	中秋诗词朗诵会	教室	语文老师
2	9：10—9：50	节日习俗亲子课堂	教室	家长义工
3	9：50—10：20	中秋月饼品尝会	教室	班主任
4	10：20—12：20	包饺子实践活动	翡翠餐厅	学生、家长、老师

六、活动准备

序 号	内 容	负责人	要 求	审核人
1	朗诵会备课	华丽佳	集体备课，制作课件，在周三下班前完成。参考内容： 1.国庆、中秋的来历 2.中秋诗歌吟诵	陈贤彬
2	家长课堂及包饺子义工	班主任	1.家长课堂每班报1人。包饺子义工2—3人，摄影义工1人。周一下班前上报完成 2.家长课堂备课：主题为国庆或中秋。形式不限。如彩绘国旗、节日故事等 3.周三上报家长课堂内容	徐华芳
3	中秋月饼	许小连	1.课间点心为小月饼，后勤落实，包括教师和家长义工每人一份 2.班级里放中秋吃月饼的动画小视频（郭晓林）	陈兴苗

4	包饺子实践活动	许小连	1.后勤准备面粉、擀面杖、饺子馅、饺子皮等物品，各班场地准备：一次性桌布铺好桌面；榨好紫薯汁、芹菜汁、西瓜汁适量备用（当天9：30前） 2. 事先划分好每班场地（班级进场协助指导：肖华龙） 3.各班有一位厨师进班指导 4.周五前，每个教辅室放几瓶饮用水，给家长义工备用（肖华龙） 5.包饺子及摄影家长义工10：00直接到食堂报到（班主任通知）	陈兴苗
5	整理放学	班主任	各班组织学生整理好午睡室用品并带回家。放学时间为13：00	班主任

七、活动宣传

内容	负责人	工作要求
大屏幕PPT	宣传组 郭骁林	1.PPT第一页：“迎国庆，话中秋”节日主题活动开始了 第二页：主要议程 第三页：祝全体师生国庆快快乐乐！中秋团团圆圆 2.当天拍照
拍照片	家长义工	包饺子时，每个班主任安排一名家长义工拍照
公众号文稿撰写	宣传组	29日完成文稿撰写，30日公众号编辑审核（汪萍、汪悠扬、吴佳芮、郭骁林）。建议可采访一下参与活动的家长，说点感受（也可以提前写100—200字），采访3—5个孩子

杭州绿城育华翡翠城学校

2017年9月24日

月亮圆，桂花香，翡翠十月国旗红

——记杭州绿城育华翡翠城学校亲子课堂活动

金风送爽，丹桂飘香，我们迎来了共和国68周年的华诞和喜庆团圆的中秋佳节。杭州绿城育华翡翠城学校和祖国母亲心连心。在这个喜庆日子里，学校通过开展“迎国庆，话中秋”亲子课堂活动，共庆双节。

点数共和国年轮，同祝岁月静好

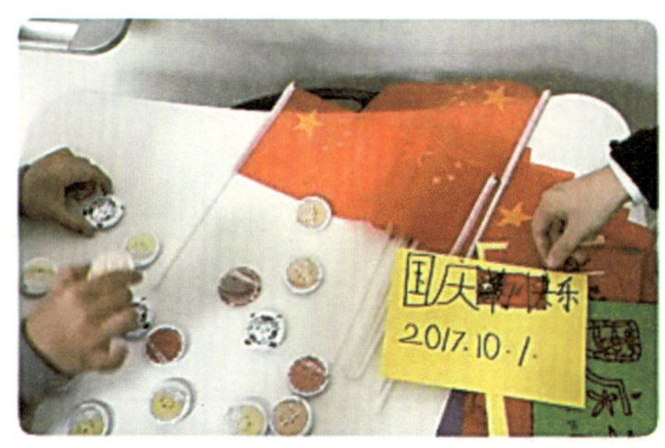

▲画国旗、绘国庆贺卡

家长带着孩子们画国旗、绘国庆贺卡，在孩子们幼小的心灵中播下爱祖国的种子，激发孩子们的爱国热情。

拾贝文化传承，领悟民族精神

中华传统文化博大精深，孩子们通过读中秋绘本、讲中秋故事、制作中秋灯、观看动画等了解中秋节的来历。

学校还为孩子们精心准备了圆圆的月饼。孩子们品尝着月饼，感受到中秋节甜甜的味道。

满园欢声笑语，共度快乐时光

在餐厅里，孩子们在家长和老师的带领下，一起动手学包五彩饺子，并且品尝自己的劳动成果。五彩的饺子象征着孩子们彩色的童年。

妈妈感慨："好吃不如饺子，温暖不过集体。"孩子们吃着一个个自己亲手包的饺子，呈现出一张张开心满足的笑脸，这就是我们大家最好的收获。王哲皓妈妈表示："感谢学校组织了这样的活动，让我们更好地了解了孩子在校的学习和生活，增进了亲子间的互相沟通。"陈至轩小朋友高兴地举起饺子："老师，你看我做了一个糖馅的！"陆卓尔小朋友挥动小手："我好喜欢这些五颜六色的饺子。"

▲包饺子

家长活动感言

一（1）班 王哲皓家长

今天很高兴参加“迎国庆，话中秋”活动，更荣幸给孩子们上了一堂传统节日中秋节的课，让孩子们了解了中秋的来历，各个地方的中秋习俗，也让孩子们表达了对节日仍然坚守在自己岗位上的人的敬仰之情！课堂气氛活跃，孩子们遵守纪律。感谢学校组织了这样的活动，让我们更好地了解了孩子在校的学习和生活，促进了亲子间的互相沟通！

▲家长活动

（二）亲子设计活动

第三届国际文化节会徽设计稿的通知

可爱的孩子们、亲爱的家长们：

你们好！

绿城育华教育集团第三届国际文化节将于今年十一月上旬举行，为突出本届国际文化节特色，现面向集团内学校全面征集本届国际文化节会徽。根据组委会通知及有关会议精神，具体要求如下：

■ 设计主题

亲仁睦邻，“亲仁”出自《孟子》：“亲亲而仁民，仁民而爱物”，“睦邻”语出《书·蔡仲之命》，寓意与邻国或邻家和睦友好相处。

■ 设计要求

1. 主题清晰、立意高远，突出国际文化交流内涵。

2. 简洁、醒目，具备现代感和较强的视觉感染力，并易于制作。

3. 设计在A4纸上，手绘或者电脑制图均可（电脑制图更佳），作品须标注设计者姓名、班级或部门，并附设计说明（至少50字）。

4. 应征作品必须是自己原创，未曾发表，不得抄袭和套用他人作品。

根据我校实际情况，希望多才多艺、有想法、有创意的孩子和家长一起加入设计的队伍中来。

一、征集对象

翡翠城学校全体一年级师生及家长（建议每班不少于5件）。

二、征集时间

2017年9月28日（周五）截止。

三、 上交说明

1. 手绘作品（背面标注“学生姓名+班级”，附设计说明）由班主任老师收齐后交美术组吴佳芮老师。

2. 电脑制图作品以“学生姓名+班级+会徽设计”为标题，内附设计说明，发送至hopetownschool@163.com。

四、 评奖说明

全校评选出十佳校级入围作品，并从中选出三件作品代表翡翠城学校向集团投稿参与决赛评选。入围奖作品及决赛作品均颁发荣誉证书、奖品。

杭州绿城育华翡翠城学校

2017年9月18日

第一、第二届国际文化节节徽设计示意

▲绿城育华教育集团第一届国际文化节会徽印象（主题：里仁为美）

▲绿城育华教育集团第二届国际文化节会徽印象（主题：怀仁辅义）

奖励卡设计征集活动

可爱的孩子们、亲爱的家长们：

你们好！

首先祝贺孩子们成为绿城育华翡翠城学校的一名小学生！学校是你们学习成长的摇篮。你们将在这里快乐学习，健康成长！

为了奖励认真学习、品行优秀的小朋友，我们绿城育华翡翠城学校即将推出名为“翡翠币”的奖励卡！如何使奖励卡既能体现翡翠文化，又能受小朋友的欢迎呢？学校正在征求奖励卡设计意见。希望多才多艺、有想法的孩子和家长们一起加入设计的队伍中来。具体要求如下：

一、参加对象：全体一年级学生及家长（自愿）

二、奖励卡设计要求：

1.奖励卡名为翡翠币，设计要紧扣绿城育华翡翠城学校的办学理念和精神，尽可能体现绿城育华翡翠城学校的翡翠文化元素。

2.参选作品

(1)作品形状为圆形，背面为学校的logo（不需重新设计），本次活动征集的是正面设计。形象要活泼、简洁，可以拟人化，充分发挥想象力。

(2) 可以绘画表现为主，水彩笔、油画棒、彩色铅笔等各种工具均可。

(3) 设计中如有更好的奖励卡名称的设计，也欢迎备注说明。

(4) 参赛作品如果是电子稿，请发送到hopetownschool@163.com；如果是手绘稿，请交给班主任老师。

三、参选方式

奖励卡设计可提交效果图一份，要求边长在15—20厘米的正方形图纸上进行创作设计。设计图背面请附设计说明（就整体的构思和创意、形象和色彩搭配的寓意等方面作说明）、班级和姓名。

四、注意事项

1.由班主任老师收齐后交美术组吴佳芮老师。

2.所征集作品必须是作者原创，不得侵犯他人著作权。

四、征集时间：9月13日—9月20日。

五、评奖说明

全校评选出十件入围作品，并从中选出部分作品作为翡翠币的最终设计方案投入使用。学校将向获奖者颁发荣誉证书、奖品。

杭州绿城育华翡翠城学校

2017年9月10日

截至9月20日，我们的翡翠币设计征集活动共计收到23份投稿，从中选出一张作为翡翠币投入使用，选出一张作为悯农卡投入使用，并选出十件入围作品颁发荣誉证书及奖品。

翡翠币方案：

作者：陈弘量

悯农卡方案：

作者：练 席

▲丰富多彩的校园活动

▲丰富多彩的校园活动

（三）亲子运动会

我运动　我健康　我快乐

——杭州绿城育华翡翠城学校首届亲子运动会

杭州的初冬，总伴随着淅淅沥沥的小雨和清冽的风，尽管如此也没能阻挡翡翠伢儿们运动的热情。2017年11月17日，绿城育华翡翠城学校在室内体育馆举行了首届“我运动、我健康、我快乐”亲子运动会。

看，小伢儿们来了！他们迈着整齐的步伐，穿着整洁的服装，喊着响亮的口号。小小个头，却充满着大能量。

鲜红的国旗在眼前飘动，嘹亮的国歌在空中飘荡。升旗仪式结束后，方校长满怀激情地宣布：翡翠城学校首届亲子运动会开幕！

随着入场的哨声响起，小伢儿们迈着整齐的步伐进入场地；伴着《七彩阳光》的音乐，个个神情专注，动作整齐划一，博得观众们连连称赞。

▲一年级运动员

▲广播体操比赛

跳绳比赛是本次运动会上的第一个个人比赛项目。瞧，当哨声响起，跳绳在小伢儿们脚下飞舞……经过半学期的努力练习，孩子们不仅学会了跳绳，还个个表现出色。

▲跳绳达标赛

小伢儿们绕杆跑、传球、射门，动作像模像样的。射进球门，快速回跑；偏出门框，也不气馁，一直到射中为止，让大家看到了翡翠伢儿们良好的身体素质和运动技能。

▲足球射门比赛

小伢儿们全力冲刺，交接默契。在紧张的比赛之余还不忘搀扶不小心摔倒的小伙伴，将“友谊第一、比赛第二”的宗旨落实到了行动里。

▲接力跑

运动会有了爸爸妈妈的加入，气氛更是热烈。“小羊快跑”比赛，充分发挥了小朋友爱蹦爱跳的天性，还将家长们瞬间带回童年，变成了一个个“大小孩”。

这项游戏是根据平时的曲棍球课改编的。比赛时把曲棍球换成了实心球，提高“赶”的难度。大家面对这个不听话的加大号“小猪”，仍然找到了诀窍，“赶猪”一次比一次平稳快速。

▲小羊快跑

和爸爸妈妈们一起跳跳跳，翡翠伢儿们可开心了！比赛互相帮

助、团结友爱，一位家长帮助小朋友脱下袋子，另一位家长马上帮助接力的小朋友套上袋子，比赛紧张而有序。

这项比赛对小朋友们可是全方位的考验：不仅要求几位小朋友步调一致，还要学会方向把控。随着一声声“左、右、左、右”的口号声，一条条“长龙”飞快地到达了终点。

亲子双人跳绳开始了！绳子飞舞着，大家跳跃着，两边看台上的加油声此起彼伏。为了跳出好成绩，不少小朋友和家长在家里练习了好多天。瞧，最亲密的亲子组合一分钟内跳了180多个呢！

哨声一响，场馆内回荡着激动人心的加油呐喊声。这个力量与团队的角逐也将比赛推向了最高潮。此时的爸爸妈妈们都是孩子们心目中的HERO。

欢乐的一天在激烈的拔河比赛中落下了帷幕。孩子们红扑扑的笑脸上挂着汗珠，还流露出意犹未尽的神情。运动会激发了孩子们的运动潜能，使得家长和孩子、家长和学校的关系更亲密更和谐。孩子们

▲曲棍赶猪

▲袋鼠跳

▲飞龙竞速

▲亲子双人跳绳

在活动中享受着和大家一起运动的乐趣，收获着和爸爸妈妈一同酷玩的快乐。

▲拔河比赛

▲班级就像是我们温暖的家，一起来晒晒我们的家庭成员团圆照吧。

（四）入队仪式

2017年12月20日，翡翠城学校校园里热闹非凡，暖意浓浓。早上，爸爸妈妈陪着我们一起走进校园。今天，他们不仅和我们一起上课，还参加我们的入队仪式，亲手为我们挂上红领巾，见证我们成为一名光荣的少先队员呢！

红领巾飘扬

来到体育馆，当嘹亮的队歌声响起，新生入队仪式正式开始了！我听到老师宣布少先队员名单时心里激动万分："啊，我马上要成为一名光荣的少先队员啦！"

▲爸爸妈妈亲手为我们戴上人生中第一条红领巾，我们用一颗恭恭敬敬的心向爸爸妈妈献上一个标准的队礼。看看鲜艳的红领巾飘扬在胸前，我们的脸上洋溢着骄傲的光彩。

▲校长妈妈为我们送上殷切的希望和祝福。

家校零距离

前段时间，我们用相机记录了在校园里学习生活的快乐身影，并制作成相册送给了爸爸妈妈。听说下学期，我们学校除了会招收一年级的弟弟妹妹，还会新招三、四年级的哥哥姐姐和我们一起学习呢！我们好期待哦！

为了让我们更健康地成长，老师和爸爸妈妈坐在一起，展开了热烈的交流。开学至今的每一次活动，班级里发生的一个个故事……都是今天大人们交流的话题。在老师和爸爸妈妈的关心下，我们一定会越来越健康地成长！

家长们各有各的“育儿经”。坐在一起，互相分享家庭教育的智慧……

高彦睿小朋友说：“今天我入队了！能成为一名光荣的少先队员，我很兴奋，很开心！我会努力学习，给班级争光的！”

蒋振希小朋友说：“今天，我看到妈妈和我一起上音乐课，好高兴啊！今天的音乐课非常有趣。我不仅可以玩到很多乐器，还能学到新知识。参加入队仪式，能成为少先队员，我也很骄傲!”

练席小朋友今天早上6点钟就醒来了。他说：“因为就要成为少先队员了，我心里很激动。加入少先队代表着我成长了。我要更加懂事，为班级学校集体争光。我更要好好学习，还要多帮助别人。”

第五章　课堂上学

庄子曰：“不言之教，无为之益，天下希及之。”

翡翠城学校的课堂教学基于“让学”理念：让位地学、整体地学、多元地学、综合地学，努力构建真正的“学本课堂”。

▲学校外教Maryke在上课（2017.12.20）

翡翠城学校追寻的“学本课堂”有3个特征：一是学生位于在课堂中间，是学习的小主人。二是经历完整的学习过程，让学习在课堂真正发生。三是引导学生多元地、综合地统整学习。

一、让位地学

“让学”这一概念由德国哲学家海德格尔首次提出。他在《人，诗意地安居》一书中写道：“教所要求的是让学。”他认为“称职的教师要求学生去学的东西首先是学本身，而非旁的什么东西”。意思是说：教学要关注学习及其过程。（海德格尔著，郜元宝译：《人，诗意地安居》，上海远东出版社，2004年版，第28页）

我们理解的“让”就是谦让、给予，有一种位置变化、重点转移之意。“让学”就是把课堂的时间、场所、机会等尽可能让位给学生的学习。从教室功能看，要变课堂为学堂；从教师和学生的关系看，要更多地让位给学生。从讲授和学习的关系看，要更多地让位给学习。“让学观”的主要精神是教师放手，尽可能让学生自己主动、深入地学习。

（一）目标观

从较深远的意义看，课堂仅仅关注“生本”是不够的，要深入学生的学习知识领域。对知识形成深度理解，才是“让学”的核心目标。“为理解而学习”是“让学”的一条重要信念。传统的教学较多地只是让学生理解字面的含义，并不能理解它的本质。“让学”要求对知识进行新旧联系，形成深度的理解。对“理解”的判断指标是：（1）用自己的话表述、解释所学的知识。（2）运用所学的知识解释相关的现象及问题。（3）概括地把握知识的真正含义，运用所学知识解决变式问题。（4）对知识进行整合，综合运用相关知识解决某一个问题。（5）把所学的知识广泛而灵活地迁移到实际生活之中。

“深度”是相对于“肤浅”而言的。课堂表演盛行、平移明显，学生的学习只浮于文本的表面，一堂课下来学生所获寥寥无几。“深度”有深思熟虑、深情厚谊、深入浅出之意，更多地深入素养之中，深入学生的内心世界之中。

当然，不能把“深度”简单地理解为深奥、深刻，这里指的是相对“深度”，是相对学生的认知水平而言的，是在符合学生认知水平的基础上，创设“最近发展区”，引领学生去探索和发现，提升学习能力。其主要观点是：

1. 较深入的目标解读

教学中的“深”“浅”有4种组合：深入深出、浅入浅出、浅入深出、深入浅出。只有深入解读目标，才能使学生易于理解和巩固。

2. 较深层的教学设计

教学设计是一种智谋，体现了教育的思想和教育智慧。教学设计是一种结构重建，应体现由浅入深、由低向高的发展态势。在学完《蜜蜂引路》后，一位老师说：“大家学得不错。但我还有一个问题，难道蜜蜂这种小动物真的像人一样会引路吗？”这样的提问就把学生的学习和思考引向了深处：蜜蜂本身是不会引路的，这是列宁善于观察和思考的结果，是列宁智慧的体现。

▲树叶贴画

3. 较深厚的知识习得

“让学”的行动口号是“把学生投入知识的海洋！”积极引导学生对知识的敏锐感，让学生多体味知识的深层义、言外义、双关义、象征义等隐性含义。讲解只能使学生“知道”，而朗读不仅能使学生“知道”，而且能让学生“感受”。所以，课堂的“让学”要求挤出时间让学生朗读。

4. 较深切的情感体验

在教学过程中要善于挖掘知识的情感点，让学生感悟知识背后的情感。“让学”的教学，不仅要把教材中蕴含着的情感挖掘出来，还要通过各种形式和各种途径，把这种情感渗透到学生的心里，使之逐步内化。

5. 较深刻的思维训练

思维训练的策略是“同化”和“顺应”。同化促进知识结构数量的增加，顺应能引起知识结构质的变化，所以，“让学”的主要目标是顺应。通过“让学”，促进学生知识结构发生新的变化，得到进一步发展。

6. 较深远的人文内涵

小学教学既包括知识的传授和能力的培养，又包括民族情感、民族思想及特有的思维方式的教育，而后者体现了教育的人文价值。知识不仅仅是工具，而且还是人的生命活动、心灵活动。特别是汉语，它是一种意合性的语言，呈现了一种以形示意的文化形态，因此要求学生在汉语言的积累和感悟中领会其中的人文底蕴。如果抽掉人文内涵，只训练知识形式，就会使教学失去生命而黯淡无光；同样，脱离知识空讲人文性，也会背离教学的本质特征。知识性和人文性的有机结合，是“让学”必须遵循的基本原则。

（二）学习观

“让学”的学习强调“过程”的学习，而且，学习的整个过程都应是“让学”的。以学生“学”的起点为起点，以学生“学”的状态为状态，以学生“学”的进度为进度，以学生“学”的发展为发展。

1. 树立学习过程意识

学生的学习活动，是由学习目标、学习过程、学习结果和学习评价四个因素组成的。其中学习过程指的是在学习的整个序列中对问题内部关系的动态分析和程序的展开。学生掌握知识成果，都要经过特定的、合理的学习过程。“让学”的有效性是以学习过程与学习结果的一致性为前提的。学习过程和学习结果同样重要：只有合理的学习过程，才能带来正确的学习结果，而学习结果可以验证并促进学习过程的合理化。学习是一个过程，而不只是一个产物。学习应重视研究学习中的知识、思维、情感的发展过程，而不只是囿于学习结果。“让学”要经历一个从不知到知，从片面到全面，由浅入深，层层递进的过程。扎实的学习有赖于过程的合理展开，“让学”不仅注重学习结果，而且注重学习过程。正如德国教育家第斯多惠指出的“一个真正的教师指点他的学生的，不是已投入了千百年劳动的现成大厦，而是促使他去做砌砖的工作，同他一起来建造大厦，教他建筑”。

2. 课堂上展示学习过程

“让学”的教学设计原则是先学后教，以学定教，多学少教，以“过程”取胜。课堂应遵循知识形成和学生发展的规律，设置合理的学习程序，提供学生理解的最佳情境。要求如下：

（1）目标尽可能让学生明确。（2）知识尽可能让学生发现。（3）过程尽可能让学生参与。（4）问题尽可能让学生提出。（5）内容尽可能让学生选择。（6）学法尽可能让学生掌握。（7）疑难尽可能让学生解答。（8）检查尽可能让学生反思。（9）得失尽可能让学生评价。

例如，学了寓言《揠苗助长》后，为了进一步帮助学生理解这个词语，可这样设计：

小明的爸爸为了让小明考上重点中学，每天要他做许多难题，背好几篇作文，结果小明的成绩反而越来越差。老师知道情况后对小明爸爸说：“你这是揠苗助长！”

（1）“揠苗助长”的“苗”在文中指______。

（2）“揠苗助长”的人是______。

（3）“揠苗助长”的原因是______，经过是______，结果是______。

（4）“揠苗助长”的意思是______。

这是一个应用知识的迁移性设计，由于较详细地展开了对“揠苗助长”这个词语的理解过程，学生加深了理解。

3. 引导学生反思学习过程

“让学”不但可以满足学生对知识的掌握，而且要引领学生经历学习过程，其中经常引导学生回顾和交流学习过程是十分必要的。每个学生所经历的感知过程、思维过程、情感过程不尽相同，每个学生在同一学习过程中所运用的学习方法也不相同。因此，引导学生总结和交流学习过程，可使每个学生的学习过程得以延伸，起到取长补短的作用。

当学习结果和学习过程存在不一致时，引导学生回顾自己的学习过程就显得更为重要。有些学生尽管已经获得了学习结果，但并不意味着他们的学习过程是合理的，思维方法是正确的。这时，与学生一起检查学习过程，有助于不被表面知识所蒙蔽，看到学习过程中的不合理性，使学习结果与学习过程和谐统一。

引导学生自己发现错误的原因，是“让学”的重要策略。学生犯错误的原因，除偶然的疏忽外，通常有其特定的程序和方法上的根源。教师要分析这些根源，引导学生独立探索和消除错误的根源。一般来说，学生找到具体的错误根源，也正是找到了由已知到新知的正确结合点和正确的学习过程及学习方法。

（三）方法观

哲学家萨特曾经说过：“存在先于本质，选择先于存在，自由先于选择。”意思是说，人的“自然”“自由”“自主”是最为重要的。“让学”倡导自主学习的方法。自主学习指的是学生对学习过程进行自我调控的学习方式。这种学习方式要求学生在学习活动中充分发挥自身的主体性。其主要特征如下：

1. 主动性

学习的主动性表现在两个方面：一是学习兴趣。兴趣有直接和间接之分，直接兴趣指向学习过程本身，间接兴趣指向学习活动结果。学生有了学习兴趣，特别是直接兴趣，学习就会成为一种愉悦的体验和享受。二是学习责任。教师应该对学生的学习负责，这是不容置疑的。但是如果学生自己意识到学习的责任，把学习与自己的生活、生命、生长有机地联系起来，这种学习才是一种真正意义上的学习。“让学”要求把学习责任从教师身上转移到学生身上，让学生自觉地担负起学习责任。

2. 独立性

如果说主动性表现为“我要学”，那么独立性则表现为“我能学”。每个学生都有显在的和潜在的学习能力，而且都有表现自己独立学习能力的要求。从某种意义上说，学生的学习过程就是一个争取独立和日益独立的过程。“让学”把学习建立在学生独立性的基础上，要求学生摆脱对教师的依赖，独立自主地开展学习活动。“让学”的学习不是为了“占有”别人的知识，而是为了独立“生长”自己的知识。教师要充分尊重学生的独立性，积极鼓励学生独立学习，并创造机会让学生独立学习，从而让学生发挥自己的独立性，培养自己独立学习的能力。

3. 异步性

“让学”的学习是在学生了解自身条件的基础上，根据自身的需要，制定具体学习目标，选择相关的学习内容，并对学习结果做出自我评估。“让学”的异步性充分尊重学生的原始状态和个别差异，促进不同水平的学生都得到差异发展。

课堂教学的现实折射出一种信号：不是要不要“让学”，而是需要以辩证的态度对待“让学”。为此提出如下建议：（1）放手不等于甩手。学生是学习的真正主人，教师要真正尊重学生，放手让学生自主学习，大胆发言，自我表现。但是教师的“主导”作用始终贯穿其中，要有放有收，放手不等于甩手不管。（2）自由不等于放任自流。“让学”的课堂从某种意义上说，学生是自由的，他们可以自由想、自由说、自由做，不受某种僵化的教条束缚。但由于学生身心发育不完善，自觉、自控能力往往较差，教师的准绳稍有放松，课堂就会混乱不堪。因此，教师要掌舵，随时调整方向，自由不等于放任自流。（3）万言堂不等于乱言堂。有许多老师为充分发挥学生的积极主动性，允许学生在课堂上不举手就站起来发言。难度低的问题出现时，学生纷纷起立，七嘴八舌地回答同一个问题。课堂上言论自由有其积极的一面，但没有了“序”，万言堂就成了乱言堂，课堂学习效益就低了，这其中的“度”还需教师悉心把握。（4）因势利导不等于千依百顺。对于教学过程中的突发事件，教师既要做到动态生成、因势利导，又不能千依百顺，任学生牵着鼻子走，要迅速朝着既定的教学目标前进。

（四）教师观

“让学”强调学生的主动学习，但也要求教师在学生建构知识过程中提供一定的帮助和支持（“支架式教学”），使学生的学习进一步深入。“让学”不弱化教师对学生的引导作用，也不提倡学生的“无师自通”。

1. 教师是课堂的“组织者”

课堂不是一个既定系统，而是一个预设系统。教师应根据具体的教学情况适当调整教学目标、结构、进程和方式。对于同一个教学内容，可以建构不同的实施方案，有的可以通过认知去解决，有的可以通过体验去完成，有的则通过综合性活动去实现。“让学”的课堂要求教师掌握三个教学策略：一是“低入”。设计简约、适度的内容和方式为开端，用最适合学生的内容和方式为起点，用最直接的方式教给学生，为学生的主动探究提供更大的空间。“低入”营造了一种近乎“零干预”的课堂气氛，使学生易学、乐学、能学，有利于学生积极参与、自由发挥、充分思索。当然，简约不简单，“低入”不是不要难度，而是在深思熟虑的基础上精心设计有效的教学。二是“先学”。教师要设置“前置性学习”，让学生在学习新知识之前尝试自主学习，了解学习内容，久而久之，有利于学生学习习惯、自学能力的培养。三是“理答”。对学生的学习状况进行全面且有效的梳理，并设计有效的应答、应对策略。这是教师教学机智和教学艺术的体现。

2. 教师是学生学习的“导师”

“教师”与“导师”虽一字之差，却体现了两种不同的教育理念。“教师”的职责是“传道、授业、解惑”，教师带着学生走向教材，师生之间是一种自上而下的垂直式关系，师道尊严，学生缺乏自主性。“导师”的职责是“向导、伙伴、顾问”，学生带着教材走向教师，师生之间是一种坦诚的碰撞、交流和沟通，教育者置于学生中间，为学生指明前进的方向，为学生的学习活动提供指导。形象地说，这是“纤夫”和“牧者”的区别。作为“牧者”的“导师”，其主要表现是：情境的诱导、过程的引导、习惯的辅导、方法的指导、品行的教导等。

3. 教师是课程的开发者

▲孩子们的课堂

新课程改革后已经把教师从“教育方法”时代带入“教育内容”时代。教师不仅是课程的执行者、使用者，同时还是课程的建构者、开发者。教师应大力开发和利用新的课程资源：既要开发校内资源，又要注重校外资源的开发；既要开发显性的课程资源，又要注重隐性课程资源的开发；既要开发近距离的课程资源，又要注重远距离课程资源的开发。特别是要利用随机生成性课程资源：随着教学进程的推进，某些偶发事件、情感的闪念、思维的火花、学生的观点等都可能是新的课程资源和教学内容。

4. 教师是教育研究的“专家”

要真正实现“让学”，教师要从繁琐的、机械的传授中解放出来，成为一名研究者，研究教学的规律和特点。教师成为研究者是促进教师形成“让学”意识和提升“让学”水平的重要保证。

二、多元地学

美国缅因州国家实验室关于“学习金字塔理论”的研究结果显示，在教师讲授情形下，学生对所教内容两周以后记住的平均率为：

学生教别人：90%
学生实践：75%
学生讨论：50%
教师演示：30%
视听并用：20%
阅读：10%
讲授：5%

翡翠城学校致力于不同课型的建构。

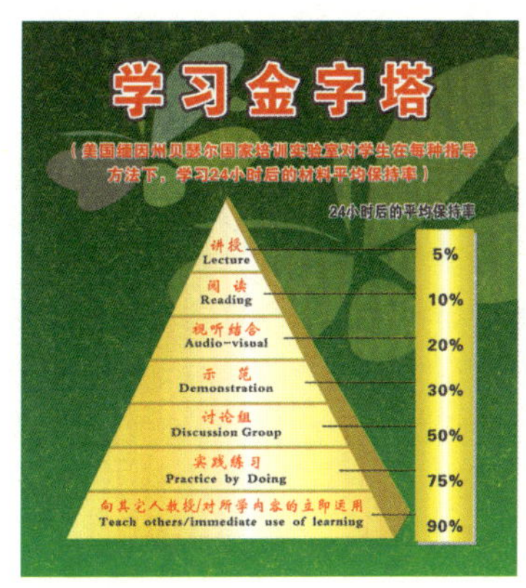

▲学习金字塔理论

（一）课型含义

课型泛指课的类型或模型，是课堂教学最具有操作性的教学结构和教学程序。

现代教学理论认为，教学过程结构是课型分类的主要依据之一，特定的课型必然有特定的教学过程结构。

1. 课的类型

它是在对各种课堂进行分类的基础上产生的。在教学中，有的课主要是传授新知识，有的课主要是复习巩固应用知识，有的课主要进行实验操作，培养学生的动手能力……课型就是把各种课按照某种标准划分为不同类型，一种类型就是一种课型。

2. 课的模型

它是在对各类型的课在教材、教法方面的共同特征抽象概括的基础上形成的。

（二）课型分类

因基点的选择不同而有区别：

1. 教学任务

如果以教学任务作为课的分类基点，课可划分为：新授课、练习课、复习课、讲评课、实验课等，统称“单一课”。

2. 教学内容

如果以教学内容的不同性质作为课的分类基点，课可划分为自然科学课、人文科学课、思维科学课、艺术科学课等，每一类课型又可再分为若干个亚型。例如，自然科学课型中新授课，按内容的不同可再分为五类。（1）以“事实学习”为中心内容的课型。（2）以“概念学习”为中心内容的课型。（3）以“规律学习”为中心内容的课型。（4）以“联系学习”为中心内容的课型。（5）以“方法（技能）学习”为中心内容的课型。

3. 教学组织形式

如果以课的教学组织形式和教学方法作为分类基点，课可划分为讲授课、讨论课、自学辅导课、练习课、实践或实习课、参观或见习课等。

4. 课程改革

翡翠城学校设计了几种新的课型，其中解疑存疑、自悟互教、讨论合作型的优势最为明显。

（1）解疑存疑型。此种课型的原则是让学生自读课文，带着问题走向课堂，再读课文自我感悟，交流讨论，接受指导，解决疑难。解疑存疑型课堂可设置“设疑、解疑、存疑”三个教学板块。

（2）自悟互教型。课堂要从“知识本位”走向“能力本位”。它的课堂结构是建立在“能力本位”的基础上。这种课型强调让学生参与从目标制定到解决问题的全过程：自学自悟→互学互帮→检查导学。

（3）讨论合作型。讨论合作学习将学习过程置于多向交流中，其间有认同、碰撞、吸纳、排斥……创新的火花常常闪烁其间。讨论合作学习的一般步骤可以是：定标→引导→自结。

（三）主导课型

通过研究，我们提出课堂的现代课型如下：

小学现代课型

1. 独学

（1）全文的阅读。
（2）情节内容的理解。
（3）尝试不懂的问题。

2. 对学（一对一）

（1）回答对方的问题。
（2）提出自己不懂的问题。
（3）讨论共同感兴趣的问题。

3. 导学

（1）文章重点、难点和突破点。
（2）文本的结构、层次和联系。
（3）探究特殊语言表达方式。

（四）多元课型

翡翠城学校致力于基于核心素养的多元课型的打造，其基本课型如下：

1. 语文

其核心是语言。
（1）语言习得→语言课型
（2）文化渗透→文化课型

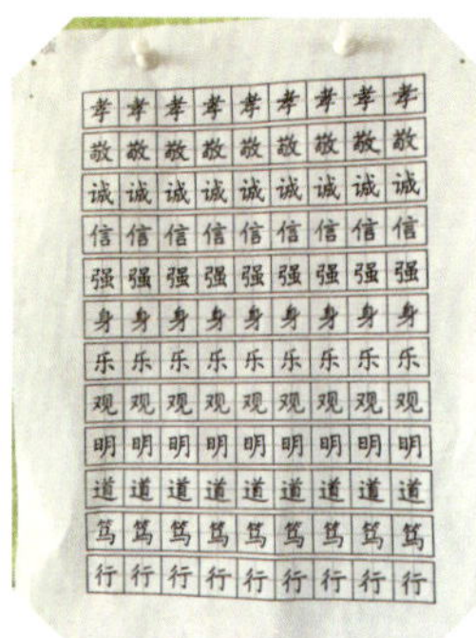

▲语文课资料

（3）思维训练→解疑课型

（4）习惯培养→方法课型

2. 数学

其核心是思维。

（1）数学概念的理解→理解课型

（2）数据的计算→计算课型

（3）数学思想方法的把握→思想课型

（4）数学精神的追求→生活课型

▲数学课资料

3. 英语

其核心是语感。

（1）语音训练→练音课型

（2）口语交际→交际课型

（3）词汇积累→积累课型

（4）西方文化→文化课型

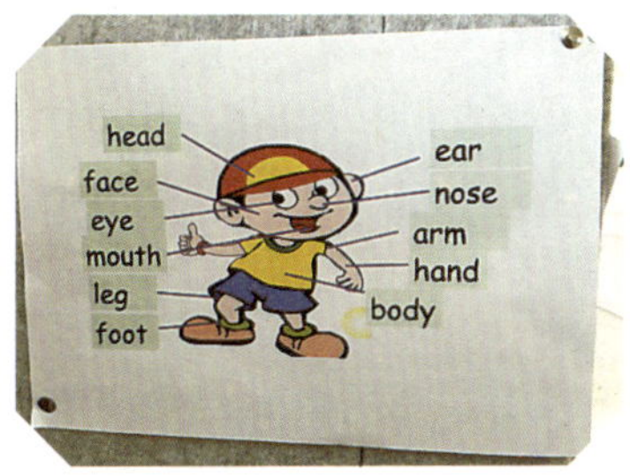

▲英语课资料

4. 道德与法治

其核心是行为。

（1）道德认识→认知课型

（2）道德情感→情感课型

（3）道德意志→内化课型

（4）道德行为→活动课型

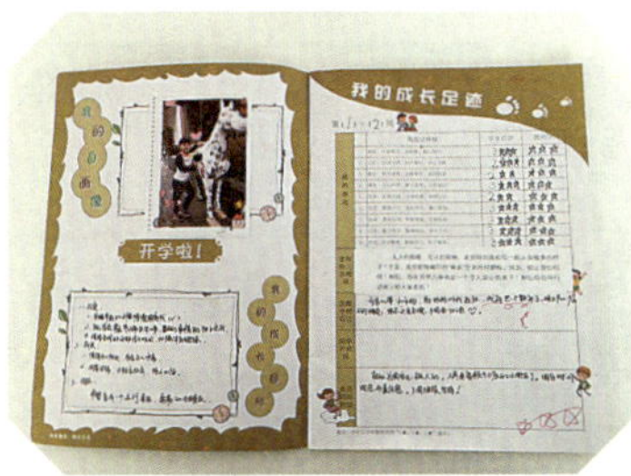

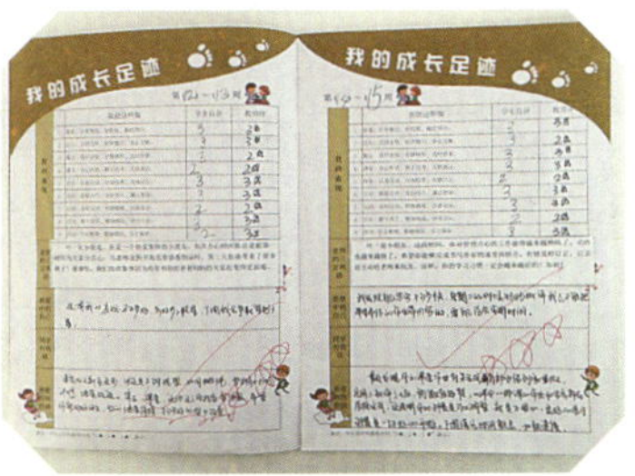

▲道德和法治课资料

5. 科学

（1）基础知识→认识课型

（2）基本技能→操作课型

（3）跨学科思想→跨界课型

（4）哲学观点→探究课型

▲科学课资料

6. 音乐

其核心是乐感。

（1）基础知识→认识课型

（2）基本技能→操作课型

（3）综合思想→综合课型

（4）美学运用→节奏课型

▲任思思老师在上舞蹈课（2018.1.2）

7. 体育

其核心是体质。

（1）基础知识→认识课型

（2）基本技能→操作课型

（3）比赛思想→竞技课型

（4）运动观点→大众课型

▲体育课资料

8. 美术

其核心是美感。

（1）基础知识→认识课型

（2）基本技能→操作课型

（3）设计思想→设计课型

（4）审美观点→欣赏课型

▲美术课资料

三、综合地学

追溯中外教育发展史，可以从古代学校教学中寻找到综合性学习的思想，而且，可以说综合性学习是古代学校中占主导性的教学方式。

在中国，古代隋唐时期开始采用的《千字文》，尽管它是识字教材，但它不单是为了识字，还包括了封建伦理道德、自然、社会、历史等方面的知识，这在一定意义上已经体现了综合的思想。宋代以后采用的《三字经》这一识字教材，也包括了封建伦理道德、天文、历史、地理等内容。因此，在中国古代社会的学校里已经出现了综合性学习的萌芽。

综合性的课程包括多种多样的形式：学际的课程、学科交叉课程、被统合化的课程、被联结的课程、综合课程、综合性学习（综合学习、综合的学习）、综合实践活动等。

最早实行综合性学习的国家是德国，起初将其称为“合科课程”和“合科教学”，现在则称作“实科学习”，或者称“涉及诸学科的教学”，或者称“结合诸学科”“诸学科互动”“诸学科网状化”，其实质是超越了传统的学科学习的框架，以各种各样的主题学习形式，有意识地展开与其他学科相联系的横断的、综合的学习。

（一）基本特征

寻求教学组织活动的弹性化是综合性学习的本质特点，它主要涉及学习环境（学习空间）、学习时间、学习组织、指导体制等一系列的问题。

1. 学习环境的扩大化

综合性学习活动范围的广阔性，决定了其学习环境扩大化的特点。因此，寻求学习环境的完善和扩充，是开展综合性教学的首要条件。综合性教学不像学科性教学那样，只局限于课堂内狭窄的桌子和椅子构建的空间范围内，而需要进行广泛活动与交流的空间和作业台。关于学习环境的扩大化可从以下四个方面来考虑：

一是从自然环境的视角改善学习环境。教学不停留在课堂内，要从课堂扩展到校内的一草一木。例如，校内的杂草，学校更多的是从环境美化的视角将草除掉。可是对于学生来说，保护学校的一草一木却具有重要的教育意义。

二是从社区环境的视角改善学习环境。活动的开展不停留在校内，而要扩展到广阔的社区环境，从国际、环境、福利教育的角度整理和扩大学习环境，使社区环境成为教学的重要组成部分。国外称社区社会为“生存的学校和自然的学校”。

三是从信息环境的视角改善学习环境。计算机教室是被改善的一个重要内容之一，计算机在调查、总结、发表等信息处理的学习过程中占有非常重要的地位。地域的博物馆、动植物园、美术馆等，对于学生来讲也是重要的信息环境。

四是从社会环境的视角改善学习环境。综合性学习把知性、感性、社会性的“全人的能力”的培养作为目标。因此，它不仅要为学生提供愉快学习与生活的场所，还要为学生提供相互协助的场所，使学生们在相互学习的过程中形成真正的人间性、社会性。

2. 学习时间弹性化

体现学习时间的弹性化是综合性学习的重要特点之一，也是当代基础教育课程改革体现的主要特色之一。

传统的课堂时间安排为固定的40分钟，虽然有利于保证学生学习、生活节奏的稳定性，但也不可避免地带来了一些负面影响，诸如容易产生学习疲劳，缺乏灵活性，容易割断学习的连续性，等等。因此，根据综合性学习的特点，需要弹性地安排学习时间。关于学习时间弹性化一般需要考虑如下几个问题：

其一，不应由教学时间决定学习内容，而应由学习内容来决定教学时间。根据学习内容决定学习时间，由此来研究和设计学习指导计划。例如，学习某一内容需要一定的调查时间，如果这个调查活动需要100分钟，而且需要分几次完成的话，那么，可根据调查内容的复杂度、难易度安排相应的时间，并分几次来完成。如相继的时间分隔可以是一周或者一个月，每次时间可以根据不同情况而定，而不都是按照固定40分钟来分配。

其二，从余暇的视角来看，需要考虑由学生自己决定学习时间。学生自身能够支配自己的活动和节奏，从而产生精神上的余暇。在支配自己的时间和活动时，学生能够热衷于深入研究问题，从而能在所关心的问题打上深刻的烙印。当然，这种余暇绝不是放纵，相反，它为学生的全身心学习创设了宽松的环境。

其三，综合性学习时间的编制，要考虑学生学习活动的特点。对于需要数日连续而集中的学习内容，如调查性活动就需要集中地安排学习时间。有的需要进行间断性观察和实验的内容，则可以分段安排学习时间。要根据学习内容和学生实际的能力、差异来确定相应的学习时间。

其四，根据学习内容的要求，确定不同单位学习时间的长短。例如，口语交际时间可以安排15—25分钟，体现学生主体的学习时间可从40分钟延长至60分钟左右。

3. 学习组织的弹性化

综合性学习涉及学生学的“学习组织形式”和教师教的“指导组织形式”，两者合二为一统称“教学组织形式”。我们主要探讨前者。

学习组织形式的确定，一般需要考虑两个方面的问题：一是要考虑学生个性发展的需要，二是要从共同生存的立场出发，考虑学生之间的相互合作，有必要开发和完善小组学习和合作学习的方式。这里推荐“自己（个人）和共生”的教学模式。

新的“自己（个人）和共生”的教学模式，改变了传统的“集体和个人”的教学模式，通过个人与共生之间关系的建立，使学生确立具有个性的自我，以及通过个人之间的相互支持、相互学习和相互合作建立起共生的关系。在教学过程中，以自己和共生为轴心来组成学习组织，使学生在相互学习、相互砌磋的过程中，体会到自己的价值与他人存在的价值，获得成功的体验。如果学生没有立足于自我的学习，只是依赖他人学习，或者只是学习他人的观点，就难以形成和发现自己的个性。

以“自己（个人）和共生”模式进行的学习，主要采取的是“个别学习”（独自学习、自己学习）、“小组学习”（协同学习、相互学习），以及全体学习的方式。这些学习方式在问题解决学习活动的过程中具有不同的组合方式，它可以根据学习活动的特点和学生特点进行不同方式的组合。

从“共生”这一点来看，我们应该关注“异年龄集团”。当代的孩子由于缺乏户外群体游玩的体验，从一出生就脱离了社会，而且，在学校每天都生活在同一年龄的集体中，缺乏与异年龄集团共生的体验，而社会的集团和组织是由异年龄人员组成的。从培养学生社会性的角度出发，学习组织形式应该考虑异年龄集团的编制问题。在异年龄集团中，高年级学生能够对低年级学生提供榜样和模仿对象的作用，并担负起小先生的责任。当然，异年龄集团的组合不局限于学校，它可以扩展延伸到社会中的高龄者、外围人，从而由“学习共同体”进行相互的“交流学习”。第一学段语文的“与大人一起读”就是基于这样的考虑。

4. 指导形式的协作化

这主要是从教师的方面寻求指导组织的弹性化问题。从促进学生主体进行综合性学习的角度出发，需要改进教师传统的指导形式。

根据学生发展的要求，不仅要求教师具有广阔的胸怀，而且强调教师之间能够相互合作，发挥教师群体的合力作用。教师个体的能力是有限的，不可能实现对全班30个孩子的个别指导。从综合性学习体现学习个性、个别发展的要求出发，强调教师之间的相互协作，从而要求教师分担不同的教学指导任务，为此，人们提出了TT（合作教学）的指导体制。

综合性教学体现了以学科为横断或者超越学科框架的特点，因而不同于以往学科中心主义的指导体制。它要求教师具有综合性的知识、经验与能力，而且通过教师之间的互补来达到整体的、综合的指导效益。而学科专门性的特征无法实现这一指导要求。从综合性教学原理的要求出发，通过学科内教师之间的合作，或者通过学科间教师之间的合作，来实现综合性教学目标。

校内外人员广泛地参与协作指导是综合性学习有效展开的前提条件。由于综合性学习本身的综合性、复杂性、学际性的特点，客观上决定了不同的人才指导体制，而且，对于综合性学习的对象、学习内容和方法，大多数情况是超越了个别教师知识和经验的专门性，体现了跨学科性的特点。它除了要求教师要扩展自己的知识和技能以外，还需要寻求两个以上教师组成TT的指导组织形式，以丰富和充实综合性学习的指导力量。

（二）主要目标

从三个角度对综合性学习的目标进行分析。

1. 知识目标

当代科学发展表明，人类的知识是多样的，每种知识形态只具有相对的真理性，而并非是绝对的真理。知识不存在价值大小，只存在不同的功能特点。传统的课堂主要是以单一的学科课程类型为主，传授的是理性的、学术性的知识，教学的价值在于向学生传授现成的科学成果。当然，我们并不否认学问性知识对学生发展的理性价值。但是，作为人类文化的知识领域并不能仅仅局限于此。随着当代科学文化的发展，人们揭示出知识具有多样性的存在形态，它们对人的发展具有不同的功能特点，学校应该适当地把它们纳入教学领域中来。综合性教学主要关注以下知识类型：

（1）体验性知识。体验性知识，也称经验性知识、临床性知识、生活性知识或者日常性知识。这种知识是与科学性知识相对的一个概念，一般是通过日常经验获得，而科学性知识是由科学家们发现和使用的知识。

产生于近代的科学性知识限于机械论、力学的观点，体现了世界普遍性、逻辑性和客观性的基本原理。而体验性知识则强调知识宇宙性、多义性和交互性的基本原则。如果说科学性知识重视知识的一般性，那么，体验性知识则更强调知识的固有性，从知识固有的意味和固有的立场出发，重视体验的作用。

体验是与经验、活动相异的概念。经验，按照美国教育家杜威的观点，它包括人们能动地作用于环境和被动地接受环境变化的刺激两个方面。活动是体现经验能动性的一面，突出强调人们的主体性、能动性、积极性等方面，活动是伴随着动态性的运动和变化而言的。而作为体验的意义，较之伴随着动态性方式，它更关注体验的内容。诸如经常提到的体验内容有自然体验、生活体验、社会体验、劳动体验、服务体验等。从体验的内容来看，它是通过直接经验产生的主观性的感觉、情感、意识的过程，是直接见之于个体的主观而产生的意识内容、意识的过程。所以说，体验是指由身体性活动和直接体验产生的主观性的感情和意识，它具有主观性、感觉性、感情性、个别性的特点。

（2）跨学科知识。随着当代科学的发展，人类愈来愈认识到科学作为一个系统，它不仅仅存在着单一的学科，而且还存在着由单一学科相互作用所形成的交叉学科或者说是跨学科，它是作为科学系统中的子系统而存在着的，并呈现了与单一学科同步发展的趋势。而且，跨学科对人类的发展起着越来越重要的作用。这意味着学校知识的全体并非仅仅限于单一学科的知识，而且必将包括跨学科的知识。

“跨学科”一词，是从英文翻译而来的，英文单词是interdisci-plinarty。我国学者也称交叉学科。跨学科知识的基本特征是学科的交叉性、多学科性和跨学科性。它承认事物联系的整体性与相互作用的复杂性，由此它的理论和方法具有综合性和普遍性。

跨学科知识成为综合性教学的主要知识目标之一，它是相对于学科课程的、超越了学科框架的一种课程形态，以多学科或者综合性主题的形式组成学习单元，通过设置专门学习的时间而展开。

综合性学习跨学科知识目标实现的方法，一般有以下四种：一是以知识为中心，加强相关学科知识的整合；二是言语和文学的方法，通过言语进行课程的整合；三是主题的方法，以某一主题为中心，结合各学科内容构成课程的方法；四是问题的方法，围绕学生所关心的问题，结合各学科内容进行整合。

（3）方法性知识。知识的存在形态大体包括两个方面：内容性知识和方法性知识。一种是关于对外界事物和现象的认识结果的知识，例如，“这是什么？”“什么是什么？”等，一般把这种知识称为“内容性知识”。在教学中，通常所说的“知识、理解、技能”都是这种内容性的知识。这种知识的学习由于采取的是传授、记忆的方式，因而受到当代信息社会的冲击与挑战，难以克服信息的无限性与生命的有限性之间的矛盾。因此，教会学生学习，使学生掌握学习方法成为当今教学改革所面临的一个重要课题 。另一种是方法性知识，是关于学生怎样获得知识和技能的方法。内容性知识是不断变化的，而方法性知识具有一定的稳定性，它是形成学生思维力、判断力、问题解决能力的基础，被誉为现代教育的基础学力。

综合性学习与其说重视内容性知识，莫如说更重视方法性知识，它立足于现实社会复杂而综合的生活问题，使学生在解决问题的过程中，学会和掌握各种信息处理的方法。

由此可见，综合性学习实际上是致力于从内容性知识向方法性知识、从学问性知识向体验性知识、从学科性知识向学际性知识的观念转变。

2. 能力目标

能力是顺利地完成某种活动的必要条件的心理特征总和。它是通过遗传和环境的相互作用而形成的，强调与生俱来的、遗传的方面，一般称“资质”；而关于具有潜在可能性或者说素质的能力的概念，一般称“才能”。才能表现在某一方面的特殊能力，遗传的规定性很强，而且教育所给予的影响也比较大。在现实中能够得以充分发挥，而表现为显性的能力概念，一般称技能、智能、学力等。技能主要强调后天的训练，也容易受环境的影响；智能是指在特定的文化、环境中形成的人为的能力；学力，传统的狭义的学力观，主要限于认知能力，而现代的学力观，广义地指人格能力的诸方面。

综合性学习着眼于后天的、显在的、广义的能力概念，强调环境和教育对学生一般能力的培养，特别是在解决现实的、复杂的综合性问题的过程中，使学生逐步形成解决问题的能力。综合性教学的能力目标具体包括认知能力、思考能力、创造能力、表现能力、交往与交流能力、自律能力等。

3. 态度目标

态度，是个体对于特定的对象由体验而形成的心理反应倾向。它包括认知、情感、行为三个成分。态度一般包括对社会的风气、公益事业的态度，对自然环境、生态平衡、资源开发利用和保护的态度，以及对人类基本权利的态度，等等。

态度是通过具体的活动和体验而形成和发展的。每个个体通过用自己全部的身心与周围的人们、社会和自然接触，从中体验喜怒哀乐，提高对客体的兴趣和需要，通过不断的积累，逐步形成和发展对某个客体的态度。态度与兴趣、需要不同，它具有持续性的特点，一旦形成，就能够对所关注的对象维持相当长的时间。态度的形成需要一个活动、体验的过程，它不是一蹴而就的。态度一旦形成，就能够为学生学习提供持久的动力。因此，关注学生态度的培养，对学生和谐发展具有动力源泉的功能。

综合性学习适应国际化、信息化的社会发展和学生个性和谐发展的双重需要，以丰富和发展学生的精神世界为主要目标，重视学生心的感受与体验，通过自我关心、参与和解决身边所发生的现实问题，加强对自我和他人、自然和社会的关心与理解。综合性学习的核心是“心的学习”。态度目标概括起来主要集中在以下几个基本方面：自信心、好奇心、感动心、自律心、合作心等。

（三）重点指导

综合性学习重点突出问题解决学习的过程，在这个过程中，主要体现问题发现、探究、观察、实验、展示、总结等一系列的活动。为了提高学生解决问题的能力，教师的指导是非常重要的前提条件。

1. 发现问题的指导

综合性学习的首要前提是学生问题意识的培养。使每个学生产生学习的问题，这是学习的逻辑起点。此时教师的指导，主要在于为学生创造自我发现问题的情境，提供解决问题的方法，而并非是提供所教的相关学科的内容。例如，围绕“水”的综合性学习，并非是理科的教师指导“水”的实验，社会科的教师指导“水”的生产，数学教师指导关于“水”增加的图表变化，语文教师指导关于“水”的诗词，等等。像这种综合性学习的方式仍然没有摆脱注入式教学的束缚，而且仍然局限于某一学科。而真正的综合性学习，突出学生的自我发现、自我解决、自我思考、自我判断能力的培养，因此，在教学指导上强调教师的启发诱导，而非强制灌输。

2. 探究过程的指导

承认每个学生都具有学习的主体性，尽可能地发挥学生在学习过程中的探究能力，是每个教师应该树立的基本观念。在指导学生的探究学习过程中，以学生的起点为教学的基本出发点，是指导学生探究学习所应确立的基本原理。

首先，指导观念。

（1）了解学生的学习基础。学生已经知道了什么，学生想知道什么，是教学的逻辑起点。教师只有或多或少地知道学生们的学习基础和兴趣，才能知道指导什么和怎样进行指导。教师只有认识和了解了学生的问题，才能明确指导学生探究的基本方向，确立具体的指导方针和计划，使学生的学习由远及近，逐渐接近学习的目标和内容。

（2）善于观察和等待。充分发挥学生自我探究的意识和能力，要求教师不妨碍、干涉和包办代替学生，而应善于观察，耐心等待。等待不是教学方法，而是教师的基本姿态。等待并非是什么也不做，而是与学生共同地活动，不断地、深入地观察学生，收集与学生有关的问题和信息，及时地了解和掌握学生出现的问题。等待是有效指导的基本前提。教师通过等待和观察，可以使学生增加理解的机会，把握理解的具体线索和方法。

（3）珍视学生感兴趣的题材。学生是能动的学习者，具有自己所感兴趣的人、物、事。学生在自我探究中，通过自我的思考、感受，认识到学习对象的价值和意义，教师应该珍视学生的学习对象和价值，并把它作为新的教学资源纳入学习过程中来，从而提高学生学习的积极性、主动性和创造性。

（4）重视学生的学习问题。传统教学中遇到的问题，大多是由教师根据教学内容的情况提出一些重点性问题，然后让学生逐一进行解决。这种教学的结果，是学生缺乏问题意识。对于综合性教学来讲，它要求学生在问题探究过程中发现问题，并通过自己的能力解决问题。首先教师可以向学生提出问题，学生在探究问题的过程中，进一步扩展和加深问题，从中产生各种各样的问题。在这一过程中，学生从最初不会提问题，或者说没有问题意识，到通过他人提问题学会自己提出问题，逐步具有问题意识，到最后能够提出重要的、关键性的问题，这是教学的最终目的。教师不仅要承认学生提出的问题是有价值的，而且还要帮助学生实现问题的解决，使其感受到目标实现的成就感。

（5）帮助学生自己决定。学生作为自我探究的主体，需要自我决定探究过程的一系列活动内容和方式。面对课堂提问，学生要进行自我思考和判断。教师在这个过程中作为支援者，不能包办代替学生进行判断，而是作为支援者，采取鼓励的态度，为学生提供必要的信息、线索，使学生通过自己的失误、判断，体验失败与成功的痛苦、欢欣，积累经验和教训，最终学会探究的方法。

其次，指导的内容。

综合性学习往往超越班级界限，在同一学年或异学年中通过小组或集体的形式展开探究性活动。因此，教师在指导上需要注意以下两个方面的问题。第一，学习方法的指导，主要涉及研究假说的建立、学习计划的制定、活动方式和方法的选择等。第二，学习内容的指导，主要涉及学习目标、活动程序、结构层次等的指导。例如，关于错别字调查的综合性学习单元，涉及众多因素，需要从学习与生活的角度，指导学生调查的方向。

3. 观察实验的指导

综合性学习活动的体验性特点，客观上要求学生要经常从事一些实地的观察、实验等的活动，这就要求学校要建立合作性的指导体制，加强各学科教师的参与意识和合作意识，以提高综合性学习的效率。围绕某一观察实验的课题，要制定具体的实施指导计划。

4. 调查实践的指导

调查、实践是综合性学习活动的基本方式之一。从其活动的类型来看，主要有如下几种形式：

（1）与观光有关的野营活动。如在森林、农村等的野营生活，登山、观光等的实地调查活动。

（2）与社区有关的考察活动。如农作物的栽培、民间艺术的调查等活动。

（3）与社会综合性问题有关的调查活动。如环境、交通等的调查活动。

（4）与学科教学有关的综合性实践活动。如学了介绍鲁迅的课文后举办“鲁迅展”活动，需要进行展台主题的确定、展台内容的选择、展台的设计等一系列综合性实践活动。

不同的调查、实践活动，由于其目的、内容、地点、时间的不同，在具体的实施上也存在着一定的差异。不过作为一般性的调查活动，在调查的程序和指导方面大体是一致的。

5. 展示、报告的指导

展示、报告是综合性学习的最后阶段，它对培养学生综合的表现能力具有重要的意义。教师在具体展示、指导报告会时应掌握以下操作策略：

（1）树立共同学习的教学观念。教师在指导展示、报告的活动中，要从“教的教育”观念向“与学生共同学习”观念的转化。教师对学生的指导，不能急于求成，使学生过早地下结论，而是要倾听学生的思考过程，并为学生提供充分表达的机会。教师作为学生的支持者参与学生的报告和讨论。

（2）保障学生探究的时间和场所。学生参与报告和讨论的前提条件，是学生能够亲自参与探究学习的活动。学生通过自我探究增强信心，从中产生发表的愿望。也只有保障了学生自由报告的时间和活动，才能不断提高学生学习的兴趣，加深对学习内容的认识和理解。应最大限度地满足学生展示的愿望，使每个学生都有报告的题目和展示的机会。

（3）共同学习和掌握交流报告的方法。学生学会和掌握展示、报告的方法，需要在共同的学习活动中进行。诸如通过主题展示台、全校性的报告大会等形式，使学生在他人的报告过程中学会各种各样的报告方式和形式。各种报告方法是在亲身感受中学会的，并从中学会根据不同的内容采用不同的报告形式和方法的技能。

第六章　书本里学

近日，读到余正强先生《校园，只为读书而立》中的一段话，觉得很是精彩，感同身受，摘录在下：

我不知道如何来描述我心中的校园，但我知道：

校园不是家，是一个公共场所，有他所特别的礼仪要求，不能要求学校像家一样随性与温馨，规矩是他的不二容颜。

校园不是楼堂馆所，或为迎来送往而极尽奢华，或为装点门面而铺设文化。简朴是校园的天然选择。

校园不是公园，嬉戏与闲暇不是学习的主题。学习对学生而言，是一项工作，是一项需在一定的时间点上完成一定任务的持之以恒的过程。

校园不是游乐场，可以任性地呼朋引伴、尖叫呐喊。校园的快乐是一种习得后满足，是困惑后的豁然开朗，是同学间的相知，是思考后的隽永之乐。

校园不是研究所，可以不断地尝试或试验。人的成长已是千年的故事，于时间中累积而成了一定的方式。

校园不是机关，可以层层传达。她一定是老师个人在方法上创造以实现党的教育要求的过程。没有个人的创造，就不会有生动而有效的教育。

校园更不是一个公司，可以产生利润。商人是不可以当老师的，因为商人要计较付出的成本。而老师，为了孩子，是不计成本的，心血与时间成本是无价的。

真心希望所有在学校工作的，或引导学校工作的，或者研究学校工作的，都认真地让学校成为学校。

校园，只是为读书而立，为成长而立。

一、书香校园

下面是方建兰校长近期关于“书香校园”建设的一个演讲稿，折射出翡翠城学校关于“读书”的一些思考。

论“书香校园”的建设

方建兰

▲孩子们读书

一个崇尚读书的民族一定是一个智慧的民族，一个崇尚读书的社会一定是一个充满希望的社会，而一个崇尚读书的校园也一定是一个健康而充满生机的校园。要创造爱书和尊重书的气氛，要对书怀有崇敬的感情。一所学校可能具有一切设施，但是，如果没有书，没有人的全面发展及其丰富的精神生活所必不可少的书，或者，如果大家都不爱书，对书无动于衷，那么它就不能成为真正意义上的学校。作为培育人的学校应该成为一个“书香校园”，一个师生精神栖息的家园。

1. “书香校园”建设是一件意义重大而深远的事

读书的意义不言而喻。从学校来说，建设“书香校园”意义重大而深远。

（1）培植学生精神养成的需要。书籍是人类进步的阶梯，是文化传承的通道。一个人的精神发育史与阅读史紧密关联。实践证明，课外阅读的最大功用在于陶冶人性与情操，唤醒心智与灵魂，促进学生的精神养成。通过阅读让学生具有“可持续性接触知识能力”，让学习成为学生生命的一部分，让学习与学生相伴终生。

（2）促进学校内涵发展的需要。当今时代，已进入以文化论输赢、以文明论高低、以精神定成败的时期。在学校广泛开展阅读活动，与经典为友、与知识为友，让师生在阅读中丰富文化底蕴、在交流中启迪智慧、在反思中超越自我，形成学校独特的精神内涵，不但是建设学习型社会的需要，更是促进学校内涵发展的需要。

2.“书香校园”建设是一项学校的基本建设

（1）营造良好的读书氛围。①营造书香校园环境。根据学校整体发展规划，充分开发利用学校的各种环境资源，为师生营造一个良好的读书环境。广泛宣传阅读的意义和作用，充分展示阅读成果，使校园各个角落散发书香。②开展“图书进教室”活动。将教室变成图书室，在教室内设立图书角、图书柜、图书墙以便于学生阅读。创造条件，利用广播、电子图书、网络图书引导学生进行阅读。③明确的读书计划。班级和学生都要有明确具体的读书目标和读书计划，有固定的读书时间。班级要建立学生读书卡或读书档案，经常开展读书交流、读书竞赛等活动。④充分的读书时间和读书自由。除在“翡翠书院”开设校本阅读课程（每周1课时），还要充分利用课间、课余、假日等时间引导学生读书。读书时要给学生充分的自由，特别是在刚开始的时候，以怎样的姿势读，默读还是轻声读，一个人读还是几个人读等都不要做过多的干涉。⑤教师、家长要成为学生阅读的榜样。开展师生、亲子共读活动。实践证明，与静静读书的教师、家长相处最能激发学生的读书热情。

（2）构建丰富的阅读资源。①学校要将购买图书、更新图书作为硬件建设的重点之一，每学期添置一定数量的图书。②学校图书室配齐专职图书管理员，保证学生随时借阅到图书，同时开放学校的图书室、阅览室，将所有的书籍流向班级、流向学生。③指导并充分利用好征订的各种书籍、报刊。④倡导家长为孩子买书，积极争取社区、民间团体、个人的捐助。⑤建立有效的班级间、学生间的图书交流机制，实现图书资源的共享。

（3）建立必要的读书组织。①建立班级读书会。读书会一般由班主任、语文教师和3—5名学生组成，语文教师担任会长，负责班级读书会的全面工作。读书会设宣传、组织、会务委员各1—2人，宣传委员负责绘制读书小报、读书笔记，宣传班级的读书情况、班级里的小书虫、书香小队等。会务委员负责读书会的时间、地点、讨论话题的确定、活动情况的记录等。②建立读书小组。班级读书会一般由若干个读书小组组成，每个小组的人数以5—6人为宜。读书小组的人员构成尽量按照兴趣、能力、性别等因素均衡搭配。每个小组设组长1名，负责小组的事务。为了激发读书小组的团队精神，建议引导他们为自己的小组取一个别致的名称，想一句读书口号，并建立竞争机制，经常性地开展竞赛活动。③根据学生不同的兴趣爱好组建各种学生读书社，为学生的特长发展搭建平台。

（4）开展丰富多样的读书活动。①举行各类竞赛，比如读写比赛、诗文诵读竞赛、演讲赛、征文竞赛、知识竞赛、辩论赛、读书故事会、佳作欣赏会、读

书专题讲座、读书沙龙、亲子读书、师生共读、主题阅读、读书活动成果展等活动，以激发学生的读书热情。②创造条件，通过举办“作家校园行”读书报告会，邀请作家、学者到学校、班级为学生做报告，使学生能够与作家、大师对话；③定期评选“阅读之星”“书香小队”“书香学生”“书香教师”“书香班级”“书香家庭”等。

3.“书香校园”建设是一种综合工作

建设“书香校园”是学校一项系统、综合性工作，需要各方面配合。

（1）“书香校园”建设与新课程实施相结合。在“书香校园”建设的过程中，可结合新课程的要求，通过学生的自主阅读培养学生的自主学习习惯和自主学习能力；通过设计手抄报，培养学生的动手实践能力；通过举办各种读书交流活动培养学生的合作意识，还可在阅读中培养学生质疑、探究的能力和批判的精神。

（2）“书香校园”建设与加强学生思想道德建设相结合。阅读是点亮人生的精神明灯，是构建学生精神家园的重要途径。在“书香校园”建设的过程中，可针对学生成长中出现的问题，结合未成年人思想道德建设的常规活动和主题活动，开展诸如“诚信”“廉洁”“善行”“孝心”“礼仪”“宽容”等专项读书活动，在浓郁的书香中使学生的思想素质和道德修养得以提高，人格得以完善。

（3）“书香校园”建设与提高教育、教学质量相结合。创办特色学校的过程是一个学校提高知名度的过程，是打造学校品牌的过程，而提高学校知名度的关键靠的还是学校的教育、教学质量，因此，“书香校园”建设必须与提高教育、教学质量结合起来。开展读书活动，可以提高学生的语文素养为突破口，引导学生博览群书，在潜移默化中让阅读成为学生的一种学习习惯、一种学习需要、一种学习修养，以此提升学生的学习品质，促进学校教育、教学质量的提高。

（4）“书香校园”建设和积淀校园文化相结合。一所真正优秀的学校必然是一个文化土壤丰厚的学校，它能以自己多年积淀起来的独特的文化激励人、感染人、培养人，而在这样的文化土壤中成长起来的学生也必然是洋溢着浓郁文化气息的“奇葩”。“书香校园”建设的过程就是创建学校文化的过程，就是不断培育优良校风的过程，就是不断形成文明、合作、爱心、上进的育人环境的过程。

（5）“书香校园”与现代信息技术相结合。随着网络在学校的普及以及社会信息化发展，学校要因地制宜地在图书馆中建立电子阅览室、电子书库，方便师生检索，开阔师生的阅读视野，提高图书管理的效率。

（6）“书香校园”建设与社区、家庭读书活动相结合。“书香校园”建设既要发挥学校、教师的积极引导作用，又要积极开发、利用家庭与社会资源，使各方面力量形成合力。学校在引领学生读书的同时，通过家长学校、翡翠城社区活动等多种途径，积极引导家庭、翡翠城社区为学生营造良好的阅读氛围，提供必要的支持。

4.“书香校园”建设是一项学校创新发展的事业

（1）指导机构网络化，为“书香校园”建设提供组织支持。建立完善学校、班级纵向衔接的指导网络，可由校长助理、学生发展中心负责，班级层面由班主任、任课教师和学生干部负责。

（2）图书资源立体化，为“书香校园”建设提供物质保障。建设学校阅书馆“翡翠书院”，并坚持每天对师生开放，使“图书馆成为师生学习的场所”；建立图书共享机制，开展“图书共享，精神共享”活动，班级之间的图书定时进行交流，以最大限度的发挥图书的作用，扩大学生的阅读量；利用教室走廊等空间资源建立开放式图书架，让学生随手可拿到书，随时可看到书；出台奖励制度，鼓励师生自主订购报刊图书，建立师生个人小书架等。

（3）校园环境人文化，为“书香校园”建设营造浓郁氛围。在校园环境的建设中增加文化的含量，在校园，在教学楼、餐厅、宿舍的墙壁设置有关读书方面的名言文化牌，借古今中外文化巨人之口告诉学生读书的意义和方法。同时，可以以教研组为单位每两周出一期校园黑板报，向学生介绍本学科知识，内容上要求把知识性与人文性、科学性与趣味性有机结合起来。让校园的每个角落都成为学生阅读的书页，“让每面墙壁说话，让每个角落育人”，这是翡翠城学校所追求的。

（4）学生阅读课程化，为“书香校园”建设提供时间保证。在每周课程表里安排一节阅读课，指导教师或对学生进行一些必要的阅读方法指导，或解决学生在阅读过程中遇到的疑难，或向学生推荐介绍阅读材料，或师生交流读书心得等；每天中午，可以安排30分钟的学生自主阅读时间。

（5）阅读研究课题化，为“书香校园”建设提供理论支持。为引导读书活动沿着正确的轨道有效深入地展开，要加强学生阅读心理、阅读方法和学生自主阅读习惯的养成等方面的教学研究，并申请有关科研课题，建设“书香校园”的科研成果，给活动提供强大的理论支持。

（6）读书活动多样化，为“建设书香校园”提供动力支撑。开展丰富多彩的读书活动，为师生搭建展示读书成果的平台，以唤起师生阅读的原动力，是建设

“书香校园”的有力支撑。可定期组织诸如此类的活动：两月一期的“好书大家读”图书推荐会；每学期一次“书籍告诉我”读书知识竞赛；每学期一次“请与我分享”读书心得交流会；每学期一次经典诗诵会；每学期一次作文竞赛；每月分别一次读书笔记和手抄报展览。此外，拟筹办《翡翠之声》校刊，定期向师生推介优秀图书，介绍阅读理论，同时，刊登师生的读书心得、优秀习作；在校园网站上开设“图书馆”“读书沙龙”，推荐优秀图书、交流读书感言等。

（7）评价检测常规化，为“书香校园”建设建立激励机制。读书习惯的养成必须经过反复的训练，并用评价检测激励机制做保障。教师的读书情况可由学校教师发展中心每月检查一次，把完成情况纳入教师量化考核之中。学生的读书笔记每周由语文教师检查一次，把完成情况作为评价学生的一项重要指标。

二、翡翠书院

翡翠城学校的“翡翠书院”是由多种场、馆、室组成，其中主体是学校图书馆。翡翠城学校办学之始，就十分重视图书馆的顶层构思、科学设计和精致建设。

（一）图书馆设想

数字化图书馆(Digital Library，简称DL)是当前最热门的话题之一。“未来图书馆的模式，就是数字图书馆。”可以说图书馆的数字化必将成为一个必然趋势。这就对学校图书馆的管理、信息收集、服务提出了新的要求。学校数字图书馆的核心是图书馆管理自动化、载体数字化、服务网络化。

1. 管理自动化

计算机的普及，多媒体技术的应用使自动化成为图书馆管理的主要手段。学校图书馆自动化管理的主要内容：（1）图书采购、图书编目、图书典藏、图书流通（包括读者管理）、期刊管理（包含期刊订购、现刊管理及过刊管理）、阅览室管理、公共检索等图书馆业务的自动化。（2）读者通过公共检索用计算机、实现利用校园网检索图书资料的自动化。（3）图书（读者）条码计算机打印，实现加工新书通报、超期催书单、卡片目录、书标、书证等的自动化。（4）利用计算机实现藏书分类统计、流通统计等数据统计的自动化。（5）通过交换机连接校园网，在校园网上提供图书馆信息检索等的自动化服务。（6）通过网络实现图书馆信息发布的自动化。目前比较理想的图书馆管理软件有以下两种：图书信息集成管理系统FLCS60、春晖图书管理系统。

学校图书馆实现自动化管理，既可极大地提高工作效率，减轻图书馆管理人员的劳动强度，更可让师生更加方便、高效地利用图书馆资源。所以图书馆实现自动化管理是翡翠城学校图书馆的必然追求。

2. 载体数字化

随着科技的进步，图书的载体正在发生变革，主要体现在出现了高科技的新型载体并得到普及，主要有两种：一是新型的存贮材料，如各种电子出版物。二是网络载体，利用网络实现共享的“网络图书”。其中，网络图书以网络形式传输，传播速度快，成本低廉，时效性强，如果解决好版权问题，是将来最有发展潜力的图书载体形式。目前，很多普通图书（多为计算机软硬件方面的图书）都以“图书+光盘”的形式出版，体现了图书的这种数字化趋势。学校图书馆以它独特的服务群体、知识层次和现有的条件，可逐步实现图书馆资源载体数字化。

数字化资源是数字图书馆的物质基础，正如传统图书馆的图书资料，是图书馆开展一切信息服务工作的源泉。数字化资源建设可以有两条途径：一是基于原有图书资料的数字化，其基本实现方式是进行扫描，扫描后存储为图形或文字，其中文字要通过OCR识别系统进行识别和校对。二是来源于网络的数字化资源，其格式也基本上是文字和图形两种。由于OCR识别系统的错误率较低，要额外花大量人力物力加以校对，目前通常采用图形格式。简单地说学校图书馆数字化载体主要有两点：一是本馆现有图书资料和新增的图书光盘资料，二是从国际互联网上查找、选择并加以下载的网上图书资料。

3. 服务网络化

不管是哪种图书馆，其最终的根本任务是为读者服务。对学校图书馆来说就是为师生服务。管理的自动化、载体的数字化必将要求学校图书馆改变传统的服务方式。其中阅读方式的变化是最为显著的。电子图书馆、虚拟图书馆、数字图书馆等称谓有待统一的新型图书馆已经出现，传统的阅读方式正向数字

▲孩子们在图书馆看书

化的阅读方式转变，电子阅览、网络阅览等新型阅读方式将日益普及，各种看书软件的出现极大地方便了人们阅览不同格式的数字图书。这种新的阅读方式已经不仅仅是视角上的方式，而正向听觉的方向发展，因为各种“听书软件”还把人们从现代的视觉负担中解放出来，实现人们在做其他事情的同时，也可以轻松地享受读书（听书）的乐趣，进行文化的熏陶，感受人类的文明与进步。

图书馆的网络服务体系建设是指基础的网络设备的建设和通信条件的建立，具体地说，包括数字化信息的存储管理体系和信息的传输服务体系两方面。前者指数字信息的获取、加工、管理的自动化，其中包含了功能强大的服务器数据库的建立。后者指图书馆的服务器与局域网、国际互联网的高速连接，并通过它们来提供优质的信息服务。

（二）班级图书角

虽然学校图书馆能满足广大师生课外阅读与查阅文献的需求，但是学生课间跑去图书馆阅览也是很不方便的，因为课间十分钟对于学生来说非常珍贵与短暂。如果一个班级有一个班级图书角，那么肯定能大大方便学生在课间的随手阅读，大大丰富学生的精神世界。课外阅读的学生多了，这样的班级很容

▲一（1）班图书角（2017.10）

▲一（2）班图书角（2017.10）

▲一（3）班图书角（2017.10）

▲一（4）班图书角（2017.10）

▲一（5）班图书角（2017.10）

易形成阅读氛围，良性循环后很容易形成书香班级。建设班级图书角的几个具体内容：（1）学生自筹图书。（2）选好图书管理员。（3）制定借阅细则。（4）制定图书阅读卡片。（5）评选班级阅读之星。

（三）一年级读书目录

一年级上册：

［必读］

1. 余丽琼文　朱成梁图：《团圆》（绘本）
2. 山姆·麦克布雷尼著：《猜猜我有多爱你》（绘本）
3.《哪吒闹海》
4. 鲁兵主编：《365夜故事》
5. 张秋生著：《小巴掌童话》

［选读］

1. 熊亮著：《纸马》（绘本）
2. [美]大卫·香农著：《大卫去上学》（绘本）
3. [日]伊东宽著：《落叶跳舞》（绘本）
4. [美]李欧·李奥尼著：《小黄和小蓝》（绘本）
5. [美]埃米·扬著：《大脚丫跳芭蕾》（绘本）
6. 金波主编：《蝴蝶·豌豆花》
7. 山蔓编著：《百岁童谣》
8.《中国古代神话故事》
9. 劳拉·乔菲·努梅罗夫著：《要是你给老鼠吃饼干》
10. [美]朵琳·克罗宁著：《蚯蚓的日记》

一年级下册：

［必读］

1. [美]玛格丽特·怀兹·布朗著：《逃家小兔》（绘本）

2. [加拿大]菲比·吉尔曼著：《爷爷一定有办法》（绘本）

3.《中华歌谣100首》

4. 汤素兰著：《小老虎历险记》

5. 车万育著：《声律启蒙》

［选读］

1.[美]谢尔·希尔弗斯坦著：《爱心树》（绘本）

2.[美]李欧·李奥尼著：《小黑鱼》（绘本）

3. [美]芭芭拉·库尼著：《花婆婆》（绘本）

4. [德]达妮拉·库洛特：《鳄鱼爱上长颈鹿》（绘本）

5. [英]大卫·麦基著：《花格子大象艾玛》（绘本）

6. 许海琼编：《365 夜儿歌》

7. 孙幼军著：《小猪唏哩呼噜》

8.《中国古代民俗故事》

9. [英]安东尼·布朗著：《我爸爸》（绘本）

10. [英]安东尼·布朗著：《我妈妈》（绘本）

三、读书节

（一）读书节的策划

首届翡翠城读书节活动简报

活动主题：我读书　我成长　我快乐；活动时间 2017.9.29—2017.10.28

日期	时间	活动名称	学生、家长需准备事项
10.11	上午	开幕式	学生制作一份读书名言卡等
10.12	下午	最美图书馆评比	学生与老师一起布置图书角
10.11—10.22		校歌歌词征集	向全体家长征集校歌歌词
10.13	上午	我来讲故事	每班选送两个故事节目，一个“家庭故事会”时间3—5分钟
10.13	14：00—15：30	特级教师王燕骅亲子阅读讲座	爸爸或妈妈到会听讲座，爸爸或妈妈要安排好行程
10.20	上午	故事家长讲故事	家长课堂，每班一位家长为孩子讲故事
10.20	下午	我唱英语歌	每班选送两个节目
10.27	下午	我读经典诗文暨闭幕式	每班两个经典诗文节目，一个集体节目

（二）读书节的开幕式

我读书　我成长　我快乐

——首届翡翠读书节开幕式

▲学生朗读

活动名称：首届翡翠读书节开幕式

活动主题：我读书　我成长　我快乐

活动目的：围绕“我读书　我成长　我快乐”这一主题，启动翡翠城学校第一届读书节活动，优化校园文化环境，丰富师生精神生活，带动教师、学生、家长参与读书活动，努力为学生、教师打造一个书香校园，形成内涵丰富、特色鲜明的校园文化。

活动时间：2017年10月11日9：50—10：40

活动地点：四楼演播厅

参与人员：全体师生、於子朗妈妈

主持人：任思思、学生

活动流程：

序号	内容	主讲人（负责人）	要求
1	诵读书名言	每班两名学生	展示自制名言卡
2	听读书故事	匡　澜	3分钟左右
3	读书节活动介绍	陈贤彬	
4	家长赠书	於子朗妈妈	每班派一位代表上台领书
5	校长讲话·宣布开幕	方建兰校长	
6	游翡翠书院	班主任	

▲方建兰校长在首届读书节上讲话（2017.10.11）

活动准备：

内容	要求	完成时间	负责人	检查人
购买赠书	1.按推荐书目购买图书 2.用红色彩带扎好五捆	10月9日	宋杏子	陈贤彬
书院布置	布置出五块区域，让五个班阅读留影	10月10日	宋杏子	华丽佳
讲故事	为孩子们讲一个读书故事，3分钟左右	10月10日	匡澜	华丽佳
家长邀请	请於子朗妈妈到校赠书，并做简要发言	10月10日	李天影	华丽佳
读书名言卡	每位学生制作一张A4大小的读书名言卡，每班选出2人	10月9日	华丽佳	华丽佳
主持	1.选一位小主持 2.撰写主持稿 3.主持人培训	10月10日	任思思 汪悠扬	华丽佳
赠书礼仪	选5位学生为赠书礼仪，并做好培训	10月10日	任思思	华丽佳
学生服装	礼仪、主持、上台领书、上台朗诵名言学生着校服礼服装，其他学生穿校服正装	10月11日	班主任	华丽佳
现场设备	话筒两个，面灯要检测，主持人、上台讲话等要有定位。避免拍照时光线不足	10月10日	郭骁林	陈贤彬
舞台布置	演播厅舞台花木布置	10月10日	肖华龙	许小连
现场卫生	做好演播厅的保洁	10月10日	原素丽	许小连
大屏幕PPT	秋风送爽 醉美书香 ——首届翡翠读书节开幕式 杭州绿城育华翡翠城学校 2017年10月11日	10月10日	郭骁林	华丽佳
微信公众号	提前写好通稿	10月10日	宣传组	陈贤彬
摄影	请一名家长义工拍摄，郭骁林要告诉他拍摄要求		徐华芳	

附件1：

读书节微信推送计划

一、推送内容

（1）开幕式及活动内容预报

（2）我来讲故事

（3）我唱英语歌

（4）我读经典诗文

（5）图书角评比、故事家长讲故事、亲子阅读讲座及闭幕式

二、推送要求

（1）在制订计划时就写好通稿和拍照要求，由活动负责人负责。

（2）一般要在当天完成推送。由宣传组负责。

三、推送稿通稿样本

读书节开幕式微信推送稿通稿

类别	标题内容	文字内容	照片要求
主标题	书香醉美：首届翡翠读书节开幕啦！	金秋十月，书香醉美。杭州绿城育华翡翠城学校全体师生和家长代表在演播厅举行了盛大而又简朴的首届翡翠读书节	选择一：主持人、五位名言朗诵学生 选择二：书院内学生看书，有师生共读画面
小标题	诵读书名言	“名人名言”，一年级的小朋友们拿着自己制作的读书名言卡，用童稚的声音表达对读书的热情	1.10位学生整体的照片 2.1位学生读，其他人为背景。10人诵读，每人要拍一张
	听读书故事	“引用故事内容”一（1）班匡澜老师为大家讲了《XX》的故事，匡老师讲得有声有色，同学们听得津津有味。一个简短的读书故事，像春雨润物，滋润着小朋友们的心田	匡澜近景一张，远景一张
	家长赠书	读书节要开幕了，小朋友们很激动，家长们很也开心。一（2）班於子朗妈妈XX女士也来了，她为小朋友送了XX本书，她说：“……”	1.家长赠书正面、侧面各一张 2.家长与各班领书代表合影一张
	宣布开幕	“杭州绿城育华翡翠城学校首届翡翠读书节开幕啦！”方建兰校长激动地宣布，小朋友们也随着欢呼雀跃。方校长的宣布，预示着为期一个月的读书节系列活动开始了，我们读书、我们快乐、我们成长	方校长近景一张、远景一张
	书院静读	这里是书的世界，这里是知识的海洋。翡翠城学校的小朋友们这里遨游书海、畅想未来。 一（1）班在“XX”认真读书。（XX大概为中文绘本馆、英文绘本馆、国学馆、快乐读书吧等）	每个班级拍五张：整体照、师生共读、小组共读、个人读等
	结束语	读书节活动开始了，读书节活动是我们日常读书的缩影。小朋友们在读书节上展示读书风采，憧憬书香人生	
	活动简报	附上后续活动列表	

（三）读书节闭幕式

金秋十月，书香醉美。杭州绿城育华翡翠城学校首届翡翠读书节历时一月之久，孩子们在精心设计的“我来讲故事”“我唱英文歌”“我读经典诗文”等主题活动中体味浓浓的书香。孩子们自己动手布置班级图书角，进翡翠书院安静读书，用歌声与书声游历、畅咏、共颂礼乐。

▲班级朗诵

我读经典诗文

——首届翡翠读书节经典诵读活动暨闭幕式

活动名称：我读经典诗文暨首届翡翠读书节经典诵读活动暨闭幕式

活动主题：我读书　我成长　我快乐

活动目的：围绕“我读书　我成长　我快乐”这一主题，通过让孩子们参加经典诗文诵读活动，培养学生语感，增加读书的兴趣，从而激发孩子爱上诵读，爱上经典，带动教师、学生、家长参与经典诵读活动，感受传统文化的魅力，弘扬祖国优秀传统文化，也为打造书香校园，形成内涵丰富、特色鲜明的校园文化助力。

活动时间：2017年10月27日14：00—15：20

活动地点：四楼演播厅

参与人员：全体师生

主持人：任思思、学生

活动流程：

一、经典诵读比赛

序号	内容	表演者	备注
1	《木兰辞》	一（1）班学生李澄宇	
2	《满江红》	一（2）班学生曾添瑞	

3	《雪花的快乐》	一（3）班学生黄宝乐	
4	《弟子规》	一（4）班学生李若萌	
5	《明月几时有》	一（5）班学生李付哲	
6	《明月几时有》	一（1）班集体	
7	《弟子规》	一（2）班集体	
8	《明月几时有》	一（3）班集体	
9	《三字经》	一（4）班集体	
10	《弟子规》	一（5）班集体	
颁奖			

▲班级朗诵

二、闭幕式暨学生观看视频，评委评奖

序号	内容	主讲人（负责人）	要求
1	经典诵读颁奖	方建兰、陈兴苗、各班家长义工	
2	班级图书角等颁奖	方建兰、陈兴苗	
3	校长讲话・宣布闭幕	方建兰	

活动准备：

内容	要求	完成时间	负责人	检查人
经典诵读	各班选出两个“经典诵读”的节目，其中一个全班集体诵读	10月24日	各班语文老师	陈贤彬
奖状与证书	设计奖状（一大一小）、校歌歌词征集入围证书	10月24日	吴佳芮	华丽佳

奖状	制作最佳图书角奖状3份，“我读经典诗文”大奖状5份、小奖状5份（备3份） 校歌歌词征集入围奖若干张	10月25日	宋杏子	华丽佳
主持	1.选一位小主持；2.撰写主持稿；3.主持人培训	10月24日	任思思 汪悠扬	华丽佳
颁奖礼仪	五名学生	10月24日	任思思	华丽佳
名字牌	制作名字牌：方校长、陈兴苗、陈贤彬、五位家长评委	10月26日	汪　萍	陈贤彬
评委席	四张桌子，铺上台布	10月26日	许小连	陈贤彬
评委	邀请方校长、陈兴苗、陈贤彬、五位家长评委	10月27日	华丽佳	陈贤彬
颁奖	方校长、陈兴苗五位家长评委 （最佳故事奖、最佳创编奖、最佳表演奖、最佳风采奖、最佳人气奖）		徐华芳	
评分表	制作好评分表，打印好	10月27日	徐华芳	陈贤彬
学生服装	礼仪、主持等学生服装（衬衫、灰色背心裙+毛衣外套+领结，男生长裤+毛衣外套+灰色马夹+领带）	10月27日	班主任	徐华芳
选手服装	自定，建议符合诵读经典风格	10月26日	班主任	徐华芳
现场设备	话筒两个，面灯要测试，主持人、上台讲话等要有定位。避免拍照时光线不足	10月26日	郭骁林	华丽佳
舞台布置	演播厅舞台花木布置	10月26日	肖华龙	许小连
现场卫生	做好演播厅的保洁	10月26日	原素丽	许小连
舞台道具等	负责舞台话筒、道具等	10月27日	郭瀚远	陈贤彬
礼仪学生现场负责	负责分奖状学生和礼仪学生	10月27日	王　萌	陈贤彬
进退管理	负责学生进退场、家长就座	10月27日	王　萌	陈贤彬
奖状书写		10月27日	陈贤彬	
评奖统分	现场评奖统分	10月27日	孙　芳	陈贤彬
大屏幕PPT	我读经典诗文 ——首届翡翠读书节经典诵读活动暨闭幕式 杭州绿城育华翡翠城学校 2017年10月27日 第二页是比赛次序表	10月26日	郭骁林	徐华芳
微信通稿	提前写好通稿和照片要求	10月26日	汪悠扬	陈贤彬

家长邀请	每班最多邀请5名学生的家长（不做强制要求），做好家长表格，交由原素丽	10月26日	华丽佳	徐华芳
门岗保安	安排人员做好家长进校签名	10月27日	原素丽	许小连
摄影	请一名家长义工拍摄，郭骁林要告诉他拍摄要求	10月26日	华丽佳	徐华芳
节目PPT或音乐	请各位选手在26日下班前发送到郭骁林邮箱：puetry@126.com，要注明班级、节目、选手姓名	10月26日前	徐华芳	华丽佳
彩排	主持人和个人节目：11：00—11：40 集体节目：12：30—13：30	10月26日	郭骁林	陈贤彬
颁奖前视频	在颁奖前播放视频，视频内容与经典诵读有关	10月26日	郭骁林	陈贤彬

读书节闭幕式微信推送稿稿件

标题内容	文字内容	照片要求
我来读经典诗文	中华文明，源远流长。中华经典，博大精深。金秋十月，杭州绿城育华翡翠城学校演播厅书声琅琅。这是学校首届读书节“我来读经典活动”活动正如火如荼地开展。同时，这也预示着为期一个月的首届读书节活动圆满闭幕！	主持人照片
经典诵读	每个班的小朋友展示了他们精彩的节目。一（1）班XX小朋友朗诵了《XX》……	最后选出：每个节目近景、全景照各一张、评委照片、全场照片各一张
经典诵读颁奖	小选手们用自己精彩的表现获得了满满的荣誉	每组颁奖时照片一张、颁奖嘉宾与获奖学生合影一张
图书角评比颁奖		
校长讲话·宣布闭幕	在闭幕式上，方建兰校长宣布：“读书节圆满闭幕！”同时，方校长也对大家提出了希望：“……”	方校长近景一张、远景一张

家长也来助阵了。舞台上的他们，时而舒缓从容，时而激情四溢。亲子互动，共同演绎，使小小的舞台充满童真，充满挚爱。

▲一（2）班江晨瑜小朋友讲故事（2017.10.27）

▲家长与学生同台表演

学校还为故事讲演者颁发最佳故事奖、最佳创编奖、最佳表演奖、最佳风采奖、最佳人气奖哩！

▲颁奖

我爱唱歌谣

——首届翡翠读书节之英语歌谣活动

活动名称：我爱唱歌谣活动

活动目的：英语歌谣是听、说、读、写、唱五项英语基本技能之一。本次英语歌谣比赛重在营造英语课堂外的第二课堂，激发学生英语学习兴趣；比赛也为同学们提供一次自我展示的平台，让学生们唱出热情，唱出自信；比赛的形式还能增强学生的集体荣誉感，建立成就感。

活动时间：2017年 10月20日14：10—15：30

活动地点：四楼演播厅

参与人员：全体师生

主持人：任思思 、学生

活动方式：以班级为单位，小组形式（5—10人）及个人表演形式参加年级组英语歌谣比赛，时间限制在2至3分钟以内。

活动流程：

序号	内容	表演者	备注
1	My bonnie	一（1）班独唱	张云逸
2	You are My Sunshine	一（2）班独唱	陆卓尔 曾添瑞
3	Big Big World	一（3）班独唱	杨博雯
4	Oh Susanna	一（4）班独唱	范天涵
5	The Pinocchio	一（5）班独唱	王一卉 倪奕童
6	Hide and Seek	一（1）班小组唱	
7	Walking in The Jungle	一（2）班小组唱	
8	The Finger Family	一（3）班小组唱	
9	Teddy bear	一（4）班小组唱	
10	Old MacDonald had a farm	一（5）班小组唱	
11	Body song	Maryke等集体大合唱	
学生观看视频，评委评奖			
颁奖			

活动准备：

内容	要求	完成时间	负责人	检查人
我爱唱歌谣	各班进行“我会唱歌谣”海选，最终选出两个节目，小组表演唱及个人独唱	10月13日	各班英语老师	陈贤彬
奖状	制作10份奖状	10月18日	宋杏子	金　珊
奖品	10份奖品	10月18日	肖华龙	许小连
主持	1.选两位小主持 2.撰写主持稿 3.主持人培训	10月18日	任思思 汪悠扬 陈巧辉	陈贤彬
颁奖礼仪	五名学生	10月18日	任思思	金　珊

评委	方校长、陈兴苗、每班一位家长（要懂英文，不能是个人独唱学生的家长）	10月18日	金　珊	陈贤彬
颁奖	方校长、陈兴苗（最佳表演奖、最佳创编奖、最佳演唱奖、最佳风采奖、最佳表现奖）		金　珊	
评分表	制作好评分表，打印好	10月19日	陈巧辉	陈贤彬
学生服装	礼仪、主持等学生服装（衬衫、针织背心，女生格子半身裙+领结，男生长裤+领带）	10月19日	班主任	陈巧辉
选手服装	自定	10月19日	班主任	陈巧辉
现场设备	话筒两个，面灯要测试，主持人、上台讲话等要有定位。避免拍照时光线不足	10月19日	郭骁林	陈巧辉
舞台布置	演播厅舞台花木布置	10月19日	肖华龙	许小连
现场卫生	做好演播厅的保洁	10月19日	原素丽	许小连
大屏幕PPT	我爱唱歌谣 ——首届翡翠读书节英语歌谣活动 杭州绿城育华翡翠城学校 2017年10月20日 第二页是比赛次序表	10月20日	郭骁林	陈贤彬
微信通稿	提前写好通稿和照片要求	10月20日	金　珊	陈贤彬
家长邀请	每班邀请5名学生的家长（包括一位评委），做好家长表格，交由原素丽	10月19日	华丽佳	徐华芳
门岗保安	安排人员做好家长进校签名	10月20日	原素丽	许小连
摄影	请一名家长义工拍摄，郭骁林要告诉他拍摄要求	10月20日	陈巧辉	徐华芳
节目PPT或音乐	请各位选手在19日下班前发送到郭骁林邮箱：puetry@126.com，要注明班级、节目、选手姓名	10月20日前	郭骁林	陈巧辉
彩排	主持人和个人节目：12：20—13：00 小组节目：13：00—14：00	10月20日	郭骁林	陈贤彬
颁奖前视频	在颁奖前播放视频	10月20日	郭骁林	陈巧辉

故事家长讲故事

——首届翡翠读书节之亲子故事活动

活动名称：故事家长讲故事

活动主题：我读书　我成长　我快乐

活动目的：围绕“我读书　我成长　我快乐”这一主题，在“我来讲故事”活动顺利完成的基础上，推动故事家长讲故事活动的展开。通过故事家长讲故事，加强家校沟通与交流，使孩子们在学校同样能感受到与家长互动带来的读书乐趣，进一步激发学生的读书兴趣。

活动时间：2017年10月20日11：05—11：40

活动地点：各班教室

参与人员：全体师生及故事家长

活动流程：1. 10：50—11：00各班邀请的故事家长进班做准备

2. 11：05各班语文老师、故事家长准时开始讲故事

活动准备：

内容	要求	完成时间	负责人	检查人
故事家长讲故事	各班选出一位讲故事家长	10月18日	各班班主任	徐华芳
主持人	负责检查各班家长PPT，播放并在故事课开始前进行导入	10月20日	各班语文老师	陈贤彬
故事PPT或音乐	请各位参与讲故事的家长将相关PPT或音乐发送至班主任邮箱，班主任负责拷贝，或家长带U盘来学校当天拷贝	10月18日（20日当天）	各班班主任	各班班主任
家长表格	做好家长表格，交由原素丽	10月19日	汪悠扬	徐华芳
摄影	摄影由郭骁林负责	10月20日	郭骁林	陈贤彬
门岗保安	安排人员做好家长进校签名	10月20日	原素丽	许小连
微信公众号	提前写好通稿和照片要求	10月18日	汪悠扬	陈贤彬

教师发展中心

2017.10.1

第三部分　翡翠城之校

第七章　全人梦

浙江省教育厅办公室2015年9月15日下发了《关于促进义务教育课程整合的指导意见》，明确提出："鼓励有条件的小学开展低年级'全课程'整合教学、'主题式'学习活动的实验探索。"

"全人教育"是由西方引进的教育观念。目前的设计及实施，以美国威斯康星州罗斯福小学、北京市第十一学校亦庄实验小学最为著名。翡翠城学校从2017年3月初筹备之始，就致力于"全人梦"的理念构建和具体实施。

一、"全人教育"的理解

所谓"全人教育"，就是在遵循国家方针政策的基础上，以培养"全人"为目标，打通学科壁垒、强调综合性学习、覆盖学校全面生活的综合性教育活动。

基于"全人教育"思想，翡翠城学校建构"体课程"，创建"融课堂"。

（一）"全人"的内涵

"全课程"教育实验，以培养"全人"为目标。小学教育的对象不是学生而是"人"。对小学教师来说，最重要的不是教学生多少知识，而是要使儿童成长为"人"。

"全人"是引用美国心理学家罗杰斯的"全人"思想和日本教育家小原国芳"全人教育"思想。他们的这一思想是依据柏拉图的"和谐就是善"以及裴斯泰洛齐的"和谐发展教育"思想创造出来的。他们的"全人"指的是"完美和谐的人"，是指多方面和谐发展的人。这里的"全人"引申为多方面和谐发展、个性充分发展、可持续发展的人。

所以，全人式发展着力构建学生“宽”（全面）、“高”（个性）、“长”（可持续）发展空间，让学生在这个“三维空间”中实现最大限度的发展。

（二）“全课程”的体系

“全课程”理念，即促进学生全面发展的全方位、全过程和全员式的课程理念，以便建立整体融合的教育体系。

1．全方位。从课程内容角度，整体构建课程体系，促进学生全面、和谐发展。学校课程体系是一个整体，每一门课程都有其不可替代性，学校质量管理应覆盖全部课程。

2．全过程。依托学生在一所学校连续几年学习、时间相对完整的优势，依托学生在认知、行为和价值观发展等方面相对连贯性的优势，依托学制相对较长的优势，遵循学生身心发展规律，学校课程关注学生成长的全过程。

3．全员式。构建一个学校管理者、教师、学生和家长等主要关联体积极参与的、互动的全员式质量管理系统。

（三）PYP模式

“PYP”是“Primary Year Program ”的缩写。简称PYP，或称PYP小学、PYP小学项目，意思是“幼小课程”，是国际文凭课程三大课程的基础课程。

PYP小学项目是当今世界公认的、培养精英学生的、高水平的国际小学项目。

PYP是国际文凭组织（IBO）为具有长远教育需求的3—12岁学生设计的，其核心是形成对重要概念的理解，形成积极的态度，掌握基本的知识和技能，采取负责的行动。旨在培养有质疑能力，有知识并且懂得关爱的年轻人，通过跨文化理解和尊重去创造美好、和平的世界。鼓励全世界的学生成为积极、热情、理解他人、尊重差异的终身学习者。

PYP的六大跨学科探究主题：（1）我们是谁；（2）我们处于什么时空；（3）我们如何自我表达；（4）世界怎样运作；（5）我们如何自我组织；（6）共享地球。

PYP的六组学科领域：（1）语言；（2）人文；（3）个人／社会／健身教育；（4）数学；（5）艺术；（6）科学技术。

PYP要培养的十二种态度：

（1）欣赏：能欣赏世界和本民族的优秀文化遗产。

（2）承诺：孜孜不倦，勤奋好学，能够约束自己，富有责任感。

（3）信心：树立个人学习的信心，有勇气冒险，会学以致用，有果断的决策能力。

（4）合作：能因势利导，灵活应变，与他人良好地合作。

（5）创造：思维方式、处理问题、应付复杂局面的方式具有创造性。

（6）求知：对世间万物如世界、人类和文化充满好奇。

（7）包容：设身处地为他人着想，理解包容其他人的思维方式和情感。

（8）热情：积极上进，不断进取。

（9）自立：独立思考、独立判断、独立决策、独立分析问题和解决问题。

（10）正直：忠厚老实，处事公正，为人正直。

（11）尊重：尊重自己，尊重他人，尊重身边的世界。

（12）宽容：感受差异，尊重差异，恰当处理差异。

PYP的培养目标：

（1）勇于探究的人：学生的好奇心理得以正确引导，引导他们独立地探索未知领域，锻炼他们从事有目的并具建设性的研究能力。

（2）善于思考的人：他们能够主动用批判性并具创造性的思维方式来进行正确的选择，来解决复杂的问题。

（3）善于交流的人：他们能从容自信而又灵活地运用多种语言来接受和表达思想。

（4）敢于冒险的人：他们临危不惧、信心十足，能独立自主地探索新的方法、新的途径来应付复杂的局面，既有勇气又敢于坚持自己的观点。

（5）知识渊博的人：在学习期间，他们花大量时间探索具有全球性意义的重要主题，由此他们获取到大量丰富的知识。

（6）有原则性的人：他们原则性强，诚实、正直、有正义感、公平。

（7）有爱心的人：他们有爱心，顾及别人的需求与感受，他们会身体力行，助人为乐。

▲翡翠城学校高层领导人决策会（2017.5.17）

（8）心胸宽广的人：他们心胸宽阔，尊重他人以及其文化习俗、观点、传统和价值观，并在考虑问题时融入这些差异。

（9）全面发展的人：他们懂得身心健康同时发展的重要性。

（10）善于反思的人：他们会反思自己的学习效果并分析自己的优势和弱势。

二、"全人教育"的依据

每一种课程理论背后必有一种教育哲学，这种教育哲学体现的是课程的理念，是教学的目的，是教育的本质。"全人教育"背后的教育哲学或者理论基础主要如下：

（一）儿童中心理论

杜威是20世纪美国乃至世界上伟大的哲学家、教育家，其实用主义教育哲学对整个西方乃至全世界的教育都产生了深刻的影响，对美国中小学课程与教学的影响尤为深远。实用主义教育哲学的主要观点如下：

1. 教育本质观。教育即生活，教育即生长，教育是经验的不断改组与改造。杜威把自己的教育哲学归纳为"以经验为内容，经由经验来进行，为了经验的目的而进行的教育"。

2. 课程观。杜威在对传统课程的批判中，以其经验论为基础，要求从做中学、从经验中学，要求以活动性、经验性的主动作业取代传统书本式教材的统治地位。

3. 教学观。杜威所推崇的教学方法是一种"从做中学"的方法，即一种在经验的情境中思维的方法，并力推反省思维。

4. 学生观。杜威认为应该"以儿童为中心"，强调学生在课程实践中的主体性，尊重学生的个性和自由，重视发挥学生的主动探索和创造精神，注重学生的自我组织。

5. 教师观。杜威在强调"儿童中心"的同时，也重视教师在儿童发展中的作用。因为教学过程是儿童与教师共同参与的过程，在杜威看来，教师不仅应该给儿童提供生长的适当机会和条件，而且应该观察儿童的生长并给予真正的引导。

"全课程"教学体现了实用主义的教育哲学。"全课程"的教育目的是以人为本，培养能够适应21世纪社会要求，能够面对挑战创造价值的青少年，这正是要通过实用主义的经验、活动、实践代替传统的书本、单调的课堂等来实现。

（二）全人教育理论

罗杰斯是20世纪60年代人本主义教育理论的代表人物，他认为真正的学习涉及整个人，而不仅仅是为学习者提供事实。教学的本质即促进，促进学生成为一个完善的人。他的思想为美国乃至世界的教育理念带来了深刻的影响。罗杰斯的教育目的是培养“全人”，他认为，“全人”有如下特征：

1. 经验的开放性。“全人”对任何经验都是开放的，不会拒绝和歪曲经验，而是采取接纳和包容的态度。

2. 无条件的尊重和自尊。“全人”时刻对自己和他人的经验和行为给予积极肯定。

3. 人际关系和睦。“全人”同他人高度协调，乐于给他们无条件的尊重和接纳。

……

“全人”的教育要求进行能够促进学生身心全面成长的教学，进行能够将单独经验融合到一起的有意义的学习。同时，教师作为促进者的角色，要对学生提供真正的关注、尊重、接纳。

“全课程”的教育目的也正是要培养这样的“全人”：一个能以开放性的态度面对不同的经验，有能力协调自我以适应变化的环境，保持自尊和尊重他人，乐于交往、人际关系和睦，有认识自我的能力，知道自己的追求和价值的全面发展的个体。这也正是时代对新一代青年提出的要求，“全课程”的教育实验正是响应了这样的挑战，制定了一系列课程与方法来达到这一要求。

（三）多元智能理论

1.“智能”的含义

多元智能理论认为：智能是在某种社会或文化环境的价值标准下，个体用以解决自己遇到的真正难题或生产及创造出有效产品所需要的能力。具体包括如下含义：

（1）每一个体的智能各具特点。根据多元智能理论，作为个体，我们每个人都同时拥有相对独立的8种智能，但每个人身上的8种相对独立的智能在现实生活中并不是绝对孤立、毫不相干的，而是以不同方式、不同程度有机地组合在一起。正是这8种智能在每个人身上以不同方式、不同程度组合，使得每一个人的智能各具特点。

（2）个体智能的发展方向和程度受环境和教育的影响和制约。多元智能理论认为，个体智能的发展受到包括社会环境、自然环境和教育条件的极大影响与制约，其发展方向和程度因环境和教育条件不同而表现出差异。尽管各种环境和教育条件下的人们身上都存在着8种智能，但不同环境和教育条件下人们智能的发展方向和程度有着明显的区别。

（3）智能强调的是个体解决实际问题的能力和生产创造出社会需要的有效产品的能力。根据多元智能理论，智能应该强调两个方面的能力，一个方面的能力是解决实际问题的能力，另一个方面的能力是生产创造出社会需要的有效产品的能力。根据加德纳的分析，传统的智能理论产生于重视言语—语言智能和逻辑—数理智能的现代工业社会，智能被解释成一种以语言能力和数理逻辑能力为核心的整合的能力。

（4）多元智能理论重视的是多维地看待智能问题的视角。加德纳认为，承认智能是由同样重要的多种能力而不是由一两种核心能力构成，承认各种智能是多维度地、相对独立地表现出来而不是以整合的方式表现出来，应该是多元智能理论的本质之所在。

2.“多元智能”的结构

加德纳认为，支撑多元智能理论的是个体身上相对独立存在着的、与特定的认知领域和知识领域相联系的8种智能：语言智能、节奏智能、数理智能、空间智能、动觉智能、自省智能、交流智能和自然观察智能。

（1）言语—语言智能。指的是运用言语思维、语言表达和欣赏语言深层内涵的能力，也就是人有效运用口头语言或文字语言的能力。加德纳认为，语言一直是人类社会不可或缺的“人类智能的卓越典范”。语言有4个功能：

※语言的口头表达。可以使用语言说服他人采取某一行动。

※语言的记忆潜力。使用语言记忆信息，它具有增强记忆的功能。

※语言的解释功能。指的是使用语言解释事物的能力，包括使用口语和书面语的能力。

※反思功能。指的是使用语言反思或解释语言活动的能力。

Armstrong（1999）对加德纳语文智能的解释是：有效地运用口头语言或书写文字的能力。这里应当注意的，语文智能的核心是“运用语言”。在上述4个能力中都强调了使用语言的能力。

（2）音乐—节奏智能。指感受、辨别、记忆、改变和表达音乐的能力，表现为个人对音乐包括节奏、音调、音色和旋律的敏感以及通过作曲、演奏和歌唱等表达音乐的能力。

（3）逻辑—数理智能。指运算和推理的能力，表现为对事物间各种关系如类比、对比、因果和逻辑等关系的敏感以及通过数理运算和逻辑推理等进行思维的能力。

（4）视觉—空间智能。指感受、辨别、记忆和改变物体的空间关系并借此表达思想和感情的能力，表现为对线条、形状、结构、色彩和空间关系的敏感以及通过平面图形和立体造型将它们表现出来的能力。

（5）身体—动觉智能。指运用四肢和躯干的能力，表现为能够较好地控制自己的身体、对事件能够做出恰当的身体反应以及善于利用身体语言来表达自己的思想和情感的能力。

（6）自知—自省智能。指认识、洞察和反省自身的能力，表现为能够正确地意识和评价自身的情绪、动机、欲望、个性、意志，并在正确的自我意识和自我评价的基础上形成自尊、自律和自制的能力。

（7）交往—交流智能。指与人相处和交往的能力，表现为觉察、体验他人情绪、情感和意图并据此做出适宜反应的能力。

（8）自然观察智能。指个体辨别环境（不仅是自然环境，还包括人造环境）的特征并加以分类和利用的能力。（加德纳在1995年补充）

加德纳后来补充了“存在智能”（Existential Intelligence），这是人们表现出的对生命、死亡和终极现实提出问题，并思考这些问题的倾向性。另外，有其他学者从“自知—自省”智能分拆出“灵性智能”(spiritual intelligence)。

3. 多元智能理论的意义

加德纳的多元智能理论对传统的智力理论有三个突破：一是智力不再是传统意义上的以“逻辑—数理”智力为核心的智力，而是一种潜能，是中枢神经系统的潜在发展能力。二是智力不是一种能力，而是既独立又联系的多种智力。三是智力不是用一个标准来衡量的某种特质，而是随着社会文化背景的不同而变化的为特定文化所珍视的能力。

多元智能理论在美国教育改革的理论和实践中产生了广泛的影响，并且已经成为当前美国教育改革的重要理论基础之一。运用多元智能理论分析我国的教育问题，对促进我国的教育改革和学生语文素养的提高有着重要的积极意义。

（1）多元智能理论与智力观。多元智能理论的杰出贡献是倡导智能的“多元性”，使我们对智能的思考从“一元”走向“多元”。

多元智能理论的“智力观”认为：①每个人都有8种智能，只是强弱各异，各如其面。8种智能中多数智能都很强的人甚少。②不仅多元智能方面人各不同，而且同一智能的各个方面强弱也不同。如一个人目不识丁，但他讲故事却娓娓动听。③每个学生都有自己的优势智能，有自己的学习风格和方法。每个学生都是多种不同智能不同程度的组合，因此，评判标准不再是一个学生有多聪明，而是一个学生在哪些方面聪明和怎样聪明。

所以，真正有效的教育必须认识到智力的广泛性和多样性，并使培养和发展学生的各方面的能力占有同等重要的地位。

（2）多元智能理论与学生观。多元智能理论倡导新的学生观，可以概括为：A．学生是学习的主人。B．学生是发展中的人。C．学生是具有发展潜能的人。D．学生是有个体差异的人。

在学生观上，多元智能理论认为几乎每个人都是聪明的，但聪明的范畴和性质呈现出差异。“天生我材必有用。”学生的差异性不应该成为教育上的负担，相反，这是一种宝贵的资源。我们要改变以往的学生观，用赏识和发现的目光去看待学生，改变以往用一把尺子衡量学生的标准，要重新认识到每位学生都是一个天才，只要我们正确地引导和挖掘他们，每个学生都能成才。

多元智能并不主张将所有人都培养成全才，而是认为应该根据学生的不同情况来确定每个学生最适合的发展道路。通俗来讲，多元智能理论不是让学生千军万马过独木桥，也不是简单地要求给学生多架几座桥，而是主张给每条学生都铺一座桥，让“各得其所”成为现实，也就是“让每个学生都来有所学，学有所得，得有所长”。教育的价值除了为社会培养有用之才，更在于发展和解放人本身。

（3）多元智能理论与教学观。多元智能理论倡导的是一种多元个性化的、因材施教的教学观。多元智能理论为我们挑战传统的课程设计思路，形成新的、有时代特点的课程设计思路提供了有意义的借鉴。根据多元智能理论的理念和实践，课程设计思路可以概括为两点，其一是“为多元智能而教”，其二是“通过多元智能来教”。

※提供多样化智能活动。教学的任务应该是向学生提供多种多样的智能活动机会，在充分尊重学生发展独特性的同时，保证学生的全面发展。

※选择最合适的教学方式。多元智能理论强调应该根据每个学生的智能优势和智能弱势选择最适合学生个体的方法。教学要关注学生差异，善待学生的差异，在教学中，根据学生的差异，运用多样化的教学模式，促进学生潜能的开发，最终促进每个学生都成为优秀的自己。

（4）多元智能理论与评价观。多元智能理论对传统的标准化智力测验和学生成绩考查提出了严厉的批评。传统的智力测验过分强调语言和数理逻辑方面的能力，只采用纸笔测试的方式，过分强调死记硬背知识，缺乏对学生理解能力、动手能力、应用能力和创造能力的客观考核，因此，有其片面性和局限性。多元智能理论认为，人的智力不是单一的能力，而是由多种能力构成，因此，评价指标、评价方式也应多元化，并使学校教育从纸笔测试中解放出来，注重对不同人的不同智能的培养。

曾记得在哈佛大学350周年校庆时，有人问校长：学校最引以为豪的是什么？校长说：哈佛最引以为豪的，不是培养了6位总统、36位诺贝尔获奖者，最重要的是给每一个学生以充分的选择机会和发展空间，让每一颗金子都闪闪发光。这是一种开发学生潜能的思路，是一种多元评价。

（5）多元智能理论与发展观。按照加德纳的观点，教育的宗旨应该是开发多种智能并帮助学生发现适合其智能特点的职业和业余爱好，让学生在接受学校教育的同时，发现自己至少有一个方面的长处，学生就会热切地追求自身内在的兴趣。

多元智能理论认为，每一位学生都有相对的优势智能领域（无论是相对于自己还是别人）。如有的学生有很高的语言智能，数学智能却很低，则应引导学生尽展所长，补其所短，培养其语言能力，不必强求他在数学方面达到很高水准，只要他在数学力所能及即可。

多元智能理论告诉我们应该注重学生创造能力的培养。加德纳认为，现实生活需要每个人都充分利用自身的多种智能来解决各种实际问题，社会的进步需要个体创造出社会需要的物质产品和精神产品，这两种能力的充分发展，才应该被视作智能的充分发展。从智能的本质上讲，解决实际问题的能力是一种创造能力，因为它主要是综合运用多方面的智能和知识，创造性地解决现实生活中没有先例可循的新问题的能力。

在“体课程”教育实验中，单一的教材文字变成了绘本、故事、绘画、音乐、舞蹈、戏剧、游戏等丰富的元素，传统的教室多元化为小剧场、戏剧教室、音乐教室、舞蹈教室、英语教室等，传统的学科也丰富成由各种主题综合而成的课程。这些由单一向多元的变化，正体现了对学生单一能力向多元素质要求的转变，这些多元的要素体现了加德纳的多元智能理论，也体现了“体课程”注重个人发展、注重综合素质培养的理念。

三、“全人教育”的标志

（一）育人全环境

1. 校园环境

校园环境是“全人教育”的多功能载体。其基本功能主要表现为：

（1）凝聚功能。校园环境中的标志性建筑、雕塑、景点、画廊、陈设，沉淀着学校的文化传统，蕴含着学校历史脉络，彰显出发展成就，成为文化象征的意义符号，成为吸引、激励师生团结奋斗的文化形式和文化象征。如翡翠书院一楼的“翡翠”墙、翡翠食堂门口的“水文化”池，是一种精神、理念的载体，是学校的一张名片。

（2）导向功能。学校是以文化育人、文化立人的。学校正在筹建的“教育名人馆”，以及特意筹建的校史室、成果陈列室、优秀教师宣传展示廊，可以成为文化育人的要素，能使学生从中找到学校历史的轨迹、发展的成就和自己崇敬的的楷模，树立起学校荣誉感，促使自己成为充满激情的强者。

（3）熏陶功能。校园环境文化的熏陶功能是综合的。校园风物、文化设施、绿化景观等既是校园环境的硬件，又是陶冶师生情操的因素。物质环境通过直接作用于人的感官来影响人的精神状态，在充满和谐、理性、温馨的校园物质环境中，校园的建筑、设施、绿化、装修，学校的一草一木、一情一景，都能够陶冶学生品性，学生在美观、优雅和文化内涵丰富的环境中生活，可以养成健全的人格和高尚的品德。

（4）娱乐功能。校园环境建设是使师生身心健康和学习、工作、生活方便的必要条件，品格高雅、人文氛围浓、实用性强的校园环境是满足学生精神需要的乐园，有利于缓解紧张情绪、恢复精力、平衡心理，以最佳精神状态投入学习生活。

我们认为，学校需要大师，需要大爱，也需要大楼。学校那些独具匠心的校园建筑，那些各具特色的雕塑艺术，那些令人遐想的景点，其实是一种文化符号，它传达着教育者的理念，蕴含着学校的精神，是学校文化不可或缺的部分。由于学校环境文化多方面的作用和功能，所以做好校园建设规划，建设美好的校园环境是翡翠城学校的重要任务。

校园环境无不在别具一格的物质环境中蕴含着独特丰富的学校精神。所以，翡翠城学校努力创造有利于学生“全人”发展的校园环境。主要包括：校园环境的绿化、校园环境的美化和校园环境的文化。

2. 教室环境

翡翠城学校的教室设计很有特色，它分为五个区域：授课区、小组活动区、图书区、电脑区、教师办公区。低年级教室还设有休息区（生活区）。这些区域都配备了先进的教学设备和齐全的基础设施。各个教室的桌椅摆放位置不同，同一班级桌椅的摆放位置因不同教学活动的需求经常变换。教室的墙壁被充分利用：一是人性化，贴学生照片和卡通图案，二是知识性，贴着与学习内容有关的材料。另外，教室里没有高高在上的讲台，班级名以“翡翠文化”的元素命名。

▲翡翠城学校班级图书角（2017.10.12）

（二）育人全制度

翡翠城学校采用小班教学制（30人）。班级经常邀请家长志愿者帮助教师组织活动。教学组织形式灵活多样，将逐步试验：第一学段采用包班制，第二学段采用包班制和科任制相结合，第三学段采用科任制。

（1）包班制：一名教师包揽一个班级所有科目的教学，向学生提供整体化学习计划。

（2）包班和科任结合制：在包班制的基础上结合科任制。两名教师负责一个班级的所有核心课程（语文、道德与法治、数学、科学、体育）的教学，而专门课程（英语、美术、音乐等）则由专业教师负责。为此，学校设有多个专业教室。

（3）周日班长制：每个班级设置值周班长和值日班长。下面是各自的任务分工：

翡翠城学校加强与各幼儿园的联系，促进幼儿园与小学的快速沟通和衔接。

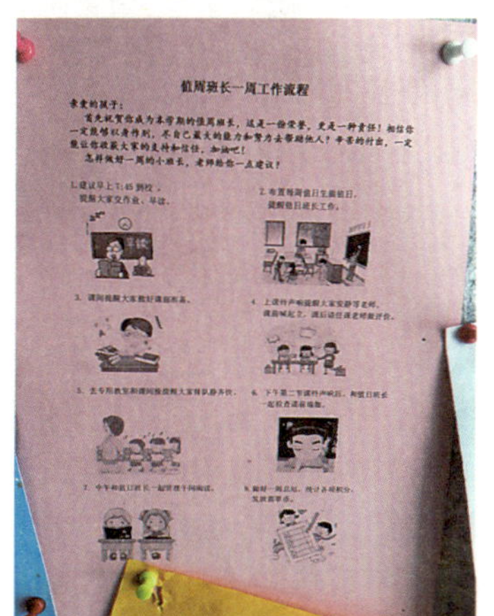

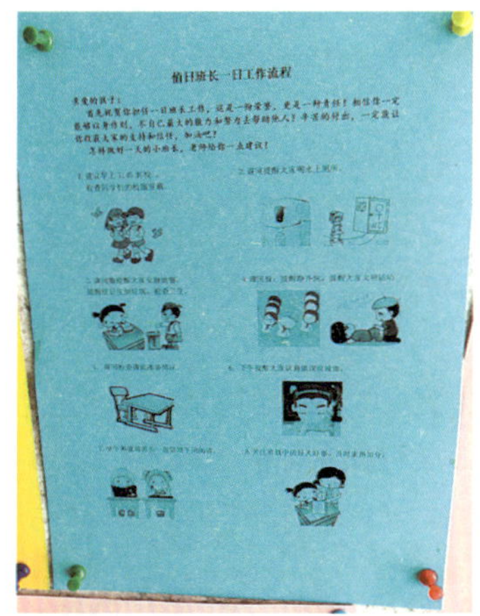

▲学生自理制：学生自己管理班级日常事务

▲2017年绿城教育集团幼儿园园长研讨会在翡翠城学校召开（2017.12.17）

（三）育人全内容

1. 课程类型

活动是小学课程和教学的基本组织形式。翡翠城学校的课程组织形式有学科课程与活动课程、分科课程与综合课程之分。最有特色的是“体课程”和“翡翠课程”的构架体系。

其中，“翡翠课程”的课程类型很特别：

每周有一节“图书馆学习课”，在图书馆上阅读课，每周1—2次，由图书馆的老师上课。

每月有一个“戏剧日”，进行游戏课程、戏剧课程、电影课程、综合艺术课程的实施。

每学期有一个“主题文化周”。

▲翡翠城学校参加国际文化交流节（2017.11.5）

2. 课程科目

翡翠城学校的课程科目体系设想是：体课程+英语课程+翡翠课程。

不是单纯的课程加减，不是单一的教育教学方式的改变，而是课程的整体综合变革，它试图从根本上改变教育生态，营造师生共度的幸福的教育生活。

3. 多元评价

下面是开学一周后，《成长手册》第一期（2017.9.10）中教师对部分学生的评价报告。

●谢明道：你认识很多字，这几天做小老师给小朋友认字，给大家示范读儿歌。特别是你不小心打破了学校的水果盘，主动要求用自己的压岁钱赔偿，你的敢于担当让老师特别欣赏！相信你今后能做到眼耳追随老师，做一个出色的小学生！

●陈君涵：老师很喜欢你吃饭时津津有味的可爱样，也非常欣赏你上课坐得很精神认真听讲的样子。相信你在今后的学习中，会越来越努力，做一名优秀的小学生！

●邱禹宁：那天，老师请你在上课之前喊：“起立！”这是多么光荣的任务呀！你响亮的声音让其他小朋友羡慕不已。在心情日记中，你说你很孤独，没有朋友，老师在课堂上问：“谁愿意和邱禹宁交朋友？”结果，全班很多小朋友举起了手。你笑了。当然个别没有举手的小朋友也给你提了小建议，你虚心接受了，他们马上举起手，表示想要和你交朋友。相信你以后会主动和大家交朋友，交到很多很多的好朋友！

●李付哲：那天，我们在课堂上学习了《弟子规》，你回家马上给爸爸拿拖鞋，做一名孝顺的好孩子！晚上，你回家和妈妈交流了很多学校发生的事情，可见你是多么善于观察和交流啊！相信你会更加努力，做一个越来越出色的小学生！

（四）育人全学习

1. 合科学习

所谓“合科学习”是指在根据学生的兴趣与生活设定学习材料而展开的活动中，整合若干学科内容进行教学的方法。

与现行的教材不同，全课程教材不再是每个学科一本书，而是将不同的课程融合在一本教材里。比如学《春天来了》，里面有写春天的课文，有唱春天的歌曲，有画春天的图片，甚至连数学科目也和春天联系了起来。这套教材的课程完全是围绕学生进行设置的。一年级上学期，主要是开学类的课程，名字就叫《开学啦》。那本教材包括《开开心心来上学》《我和我的好朋友》《我们一起做游戏》等六个单元。学习这些内容，小朋友很快就熟悉了学校、老师和同学。

2. 项目学习

项目学习针对一个特殊的将被完成的有限任务，它是在一定时间内，满足一系列特定目标的多项相关工作的学习掌握。学生围绕一个特定的学习任务，通过自主的实践活动，把知识内化为能力，并在情境体验中提炼为素养。（1）以真实的生活问题为情境，提出适宜的任务驱动。（2）以任务的子目标为依据，整体设计学习项目。（3）以终点为起点，构建基于表现性评价的教学流程。

从学习内容看，项目学习将学科知识、概念、原理融入项目任务当中，学生完成项目任务的过程，也就是学习者体验、感悟学科知识、概念、原理的过程，在此过程中学生建构起学科知识、概念、原理的个性化理解，掌握一定的技能，发展了思维能力。更为重要的是，来源于现实生活中的实际问题往往是多学科交叉融合的，涵盖了多个方面的知识和技能。在学习过程中，学生需要综合运用多种学科知识来理解和分析，单纯依靠某一门学科知识则无法解决所遇到的问题。

3. 主题学习

PYP课程的核心是：跨学科、探究和主题。实践PYP课程的方式是：首先确立一个主题，让学生围绕这一主题，通过调查、走访、搜集资料等方式收集与主题有关的文字图片信息，然后教师带领学生进行阶段性评价，实践学生的研究心得，得出研究结论。多学科知识的汇集，学生思维能力的锻炼，学生探究能力的提升，让PYP课程彰显着独特的魅力。

▲翡翠城学校老师参加阿里巴巴戏剧培训（2017.8.16）

（五）育人全标准

翡翠城学校专题研讨了学校培养学生的标准问题。对翡翠伢儿的行为规范基本达成一致的意见：

翡翠城学校学生行为规范

项目	内容	具体要求
文明守礼	热情问候	1.进校见到老师，主动招手或微笑向老师问好，同学间相互问好 2.校园内看到不认识的老师或客人，能主动礼让问好
	安静集会	1.集会排队做到静、齐、快 2.周一升国旗时，肃立行礼（注目礼或队礼），唱国歌，声音洪亮整齐 3.晨会讲话，眼望发言者，适时鼓掌
	右行礼让	1.走路靠右行，不奔跑打闹 2.下楼梯时靠右走，“右行礼让”记心头。步行手摆平，跑步队伍齐，精神饱满不嬉戏
	安全活动	1.课间先上厕所、喝水、准备下节课所需物品 2.课间文明游戏，不追逐打闹，注意安全 3.同学之间友好相处

快乐学习	晨光伴读	1.按时到校，认真朗读，身正腰挺精神好 2.读书做到心到、眼到、口到，琅琅有声
	课堂学习	1.做好课前准备，铃声响后即安静：入室即静、入座即学 2.认真倾听，勤于思考，表达主动大方；合作学习，积极参与，取长补短 3.专用教室上课提前排队，爱护器材人人有责
	书香班级	1.图书有借有还，保护书籍，损坏图书要赔偿 2.在书院看书保持安静，讲究卫生 3.每天12：30—13：30安静阅读，乐于分享
	学习习惯	1.作业独立思考，按时完成，有疑问主动请教 2.书写规范、整齐、端正；及时上交作业，有错订正，及时批改
积极锻炼	课间出操	1.音乐响，速排队，静齐快 2.做操时动作规范，精神饱满
	课前瑜伽	上课铃响，跟随音乐轻松学做课前瑜伽
	运动习惯	1.积极参加体育活动（特殊情况要请假），提前准备好运动器材，听从老师安排，在指定场地活动，注意活动安全，爱护体育器材，活动结束将物品归位 2.热爱运动，养成良好的保健习惯，保持身心健康 3.拿跳绳排队行走时要把跳绳卷起来，注意安全
健康生活	教室整洁	1.认真做好值日工作 2.保持教室、校园等公共场地卫生整洁
	个人卫生	1.勤换衣服，及时理发，勤剪指甲，长发女生要扎发辫 2.饭后漱口，饭前便后要洗手 3.及时整理，保持抽屉、书包柜、课本和课桌整洁 4.学会根据气候的变化增减衣服，身体不适及时告诉老师，服药宜当老师面服用
	穿戴整洁	仪表整洁，穿戴整齐，按要求规定统一着装；脱下校服，按要求拿、放
	用餐习惯	1.有序按指定位置入座；安静就餐，不挑食，饭菜尽量吃完 2.用餐后按要求放置碗筷，擦干净嘴和脸，有序走出食堂 3.课间小餐有序分发，按时吃完；餐后垃圾，及时收拾

说明：

1. 班主任利用各种时机对学生进行宣传，让学生了解翡翠伢儿行为规范要求，并对学生进行行为养成教育。

2. 由值日教师每天巡视并对各班执行常规的情况进行全面的打分记载，及时反馈给值周老师，值周老师进行补充。

3. 值日老师对不规范现象及时公布，便于大家及时了解情况，班主任及时加强教育。

4. 值周老师在值周小结中，将上周各班得分情况公布，优胜班级获得流动翡翠旗。

5. 此项评比纳入班主任工作月考核、教师月考核中，作为优秀班集体、优秀班主任的重要评比依据之一。

2017学年第一学期学生日常行为规范评比表（第　　周）

（20　　年　月　日　周　　值周（日）老师　　　　　）

项目／班级	文明守礼（25分）				快乐学习（25分）				积极锻炼（25分）				健康生活（25分）				自定项目（10分）	合计
	热情问候	安静集会	右行礼让	安全活动	晨光伴读	课堂学习	书香班级	学习习惯	课间出操	课前瑜伽	健康运动	运动习惯	教室整洁	个人卫生	穿戴整洁	用餐习惯		
一（1）																		
一（2）																		
一（3）																		
一（4）																		
一（5）																		
值日老师点评																		

备注：“自定项目”可由年级组根据本年级情况自行确定检查项目，由值日老师检查并填写。每个小项满分为10分，扣分点为1分。

2017年学生健康体检方案

为了解学生的生长发育、营养健康状况，促进学生健康成长、顺利完成学业，学校联系闲林街道社区卫生服务中心来校为我校学生体检。具体安排如下：

一、体检时间、地点

2017年10月18日上午，翠玉楼一楼。

二、体检对象

全校学生。

三、体检项目

1. 身高、体重、胸围　　2. 视力　　3. 血压和色盲

4. 内科常规检查　　5. 外科常规检查　　6. 肺活量

四、体检秩序安排表

序号	时间	班级	负责人
1	8：30—9：00	一（1）班	匡　澜　王　萌
2	9：00—9：30	一（2）班	李天影　吴潜俐
3	9：30—10：00	一（3）班	金　珊　汪悠扬
4	10：00—10：30	一（4）班	华丽佳　任思思
5	10：30—11：00	一（5）班	徐华芳　陈巧辉

1. 从一（1）班开始，每个班级的检查时间约30分钟，请各班级负责老师安排好自己的课，提前10分钟带学生到场地候场准备，准时开始体检。

2. 请班主任提前对学生进行文明行为教育，体检时保持安静、有序（体检时不要奔跑和激烈运动，以免影响血压的检测）。

五、体检工作流程

1. 17日（周二）12：30，各班班主任在保健室召开体检协调会议，熟悉体检场地。

2. 体检时各班由正、副班主任负责组织，按时排好队伍到指定地点体检，健康体检表于17日中午发至班主任处，并由班主任填好有关资料待到达体检现场后再发至学生，以免学生丢掉。

3. 到达体检场地后听从体检医生的安排，班主任负责维持秩序、巡查本班体检进度。

4. 各班体检结束后，体检表格请班主任及时收回，并检查有无漏检项目，表格收齐后及时交给保健室核对（如有请假未参加体检的要注明）。

六、体检准备工作

序号	内容	负责人	要求
1	场地布置	汪　萍（后勤协助）	17号下班前完成
2	物品准备（桌子6张、椅子10把、接线板5个）	肖华龙	
3	桌签6块	汪　萍	17号下班前完成
4	大屏幕PPT（欢迎闲林街道社区卫生服务中心来校体检）	郭骁林	17号下班前完成
5	工作餐准备（8份）	许小连	18号11：30就餐
6	摄影	郭骁林	

“全人教育”的实施是一个牵一发而动全身的庞大工程，需要整体着眼，顶层设计，系统思考，逐步推进。目前翡翠城学校正在关注的重要课题是：（1）基于“全人教育”的教师、家长和社会的教育观念转变。（2）“全人教育”条件下全科教师的素养要求及培训。（3）“全人教育”的校本教材编写。（4）“全人教育”的课型探讨。（5）“全人教育”的效果评价。

第八章　体课程

从2017年3月初翡翠城学校正式筹备，就开始了学校课程总体思考。关于课程方案几易其稿，2017年5月1日初步形成了翡翠城学校课程一体化设计的两个思路：

一是国家课程校本化（“体课程”）。

二是开设翡翠城课程（活动课程）。

下面是翡翠城学校课程一体化设计的总体框架：

	课程类型	适用学段	主要特征	主要目的
1	立体课程（体课程） 翡翠城课程	第一学段 （1—2年级）	课程体	幼小衔接
2	整合课程（面课程） 翡翠城课程	第二学段 （3—4年级）	知识面	课内整合
3	拓展课程（线课程） 翡翠城课程	第三学段 （5—6年级）	教学线	课外延伸
4	学科课程（点课程） 翡翠城课程	第四学段 （7—9年级）	学科点	学科深化

这个设计有两个特点：一是顶层设计，有利于整体把握学校课程建设和发展；二是系统设计，从“体→面→线→点”，体现了较好的统整课程思想。

▲翡翠城学校课程说明会（2017.3.18）

一、“体课程”的整合思想

“体课程”是一种对多学科的统整课程，它的基本理论依据是多元智能理论。下面先介绍多元整合思想。

（一）课程的多元整合

多元智能理论认为人有8种智能，但是在现实世界中，8种智能很少单独使用，常常是整合起来一起运用的。多元智能理论视野下的小学教育，要十分重视课程的统整，使单学科、多学科或跨学科统合起来。

1. 为学生创设丰富的语言环境

语言智能的关键点是用语言思维表达以及领会语言的深层内涵。在课堂教学中教师要为学生创设丰富的语言环境，通过讨论、演讲、讲故事、写日记、出作品等形式锻炼学生的语言智能，促使学生在频繁的表达、讨论和解释中，激发出他们的好奇心。

2. 为学生创设轻松、愉悦的音乐课堂教学氛围

音乐智能的关键点是对声音的节奏、音色、旋律、音质等的敏感性。在课堂教学中，教师可采用4种方法将音乐融入课堂教学过程中。（1）节奏、歌曲、击节和吟唱法。把要强调的讲课重点、中心思想、观念、主题编成诗歌、快板等形式，或让学生将所学知识进行概括、总结、综合或应用，编写成歌曲、诗歌或快板等。（2）超记忆音乐法。在讲课时播放有节奏的背景音乐使学生在放松状态下进行学习，有助于学生对知识的记忆。（3）音乐概念法。用音乐曲调或节拍作为表达概念、规律或纲要的工具，为学生创设以丰富的想象力进行表达的机会。（4）情感音乐法。为某个单元或课程配上与之相适合的背景音乐，可以增强课堂教学的效果。

把文字和音乐结合起来的方法，直接作用于学生的听觉、视觉和触觉，使之相互补充、相互强化，有利于学生综合素养的整体提高。

3. 创设多元的视听教学条件

视觉空间智能的关键点是用三维空间方式进行思维，人不仅对外部世界做出反应，也在头脑内部进行想象。在教学中可以通过五种方法培养学生视觉空间智能：（1）形象化法。让学生闭上眼睛想象他们学习的东西，让他们在脑子里创

造自己的“内心黑板”，当被问到任何一部分特殊信息时，学生只需调出他们的黑板“看看”上面的数据就行了。（2）色彩记号法。教师和学生用不同颜色的笔在黑板或学习材料上做标记，用色彩来强调规律、规则或分类，如用红色标出主题思想，用绿色标出辅助数据，用黄色标出不明确的部分。（3）图画比喻法。让学生思考要掌握的重点或主要观点，然后将其想法与某个视觉形象联系起来，有助于知识的理解。（4）思维速写法。让学生将知识重点、主题、中心思想或核心概念形成“知识图形”，有助于学生对知识的理解。（5）图解符号法。教师用图和符号来描述要讲授的概念，可以提高课堂教学效果。

4. 把师生的肢体动作用于课堂教学之中

身体运动智能的关键点是灵活地控制身体、操纵物体。通过身体的神经—肌肉编码，唤醒肌肉记忆，用身体体验所学习的内容，能起到视觉和声音起不到的作用。在课堂教学中要做到：（1）让学生采用肢体回答问题，如用肢体表达想法。（2）让学生运用表演的方式学习知识，如话剧、木偶戏等。（3）让学生运用表情动作来学习理解知识，如猜谜活动等。（4）让学生动手来理解知识，如制作实物等，为学生提供动手操作的机会。

5. 课堂应成为师生交流的空间

人际交往智能的关键点是在交流中体察他人情绪意愿，和谐处理人际关系。在教学中要注意师生之间、生生之间的相互影响。如合作学习模式，就非常适合多元智能教学，其核心是采用小组形式以达到教学目标。最为有效的是每组 3—8 人，学生在合作小组里可以根据不同智能优势担任不同角色，如人际交往智能强的学生负责小组同学的组织，语言智能强的学生负责写作，视觉空间智能强的学生负责画图，身体运动智能强的学生负责创作道具或当主角，等等。合作小组提供给学生真正从事社会活动的机会，可以说是提前进入社会的预演。

6. 为学生提供反思自省的时间

内省智能是个体洞察和反省自身的能力，关键点是认识自我。课堂教学应采用5种方法。（1）给学生反应时间。在讲课、讨论及其他活动期间，学生应该有内省或深思的“暂停”时间，要提供给学生对新知识进行消化或联系自己实际的机会，让他们集中注意力，为将要进行的活动做好准备。（2）联系个人实际。教师可以把学生个人的感觉、生活经历融入教学中，使所讲知识与他们的生活经历联系起来。（3）给学生选择的机会。选择的内容可以是限定的，也可以是非限定的，可以与课堂内容或进程有关，也可以无关，要尽量扩大学生在学校做选择的经验范围，为校本课程、选修课程提供广阔空间。（4）引发学生的情感反应。教师要带着不同感情讲课，同时也有责任在教学中提供和创造机会，让学生表达感情，引发情感共鸣。（5）制定发展目标。目标本身要与学习成果或生活目标紧密相连，要帮助他们为一生的发展做好准备。

7. 教学应满足学生探索自然奥秘的好奇心理

自然观察者智能的关键点是对客观事物进行观察与分类的能力。这里的客观事物不仅包括自然界，也包括人类社会中的事物。可组织学生开展如下活动：形象地描述一个人的外貌，写自然观察日记，叙述一次旅游的经历，组织户外活动等，也可以把自然物搬入课堂，用多媒体、录像、幻灯片等模拟虚拟的环境环保讨论等。

下面是香港城市大学王培光教授介绍的语文教学中多元智能培养的一个范例。

教学目标：理解4种标点符号（问号、句号、逗号、感叹号）的作用和区别

周一（语言智能）：（1）口头解释标点符号的作用。（2）阅读有各种标点符号的句子。（3）各种标点符号的练习。

周二（空间智能）：教师在黑板上写出4种标点符号，并画出相应的图像（问号：一个钩子，因为问题把我们“钩”向一个答案。感叹号：一根棍子点在地上，当你要感叹什么的时候就用它。句号：一个小圈圈，因为你简单清楚地证明你的论点。逗号：一个闸板，因为你在一句话中间需要暂时停顿。）

学生可以创造自己的图像，然后以图画形式放在句子中（给不同符号标上不同颜色）。

周三（动觉智能）：教师在朗读句子时，让学生用身体组成不同的形状。如弯曲的姿势表示问号。

周四（音乐智能）：学生把标点符号发出不同的声音。当学生念出需要这些标点符号的例句时，齐声发出这些声音。

周五（数学智能）：学生组成4—6人小组，每组把缺少标点符号的句子分成4格，每格放一种标点符号。每组把缺少标点符号的句子加以分类（每个句子缺少一种标点符号），并放在4个格子里。

周一（人际智能）：学生组成4—6人小组，每个学生有4张卡片，每张卡片上写有不同的标点符号。教师在投影仪上放一个需要某个标点符号的句子，学生把正确的标点符号卡片扔到小组中间，小组中第一个扔对的学生得5分，第二个得4分，以此类推。

周二（内省智能）：让学生写出带有4种不同标点符号的句子。句子应该与生活有关。如一个让人回答的问题、一个感觉强烈的观点、一个让人知道的事实等。（王培光：《语感与语言能力》，北京大学出版社，2005年，第119页。）

下面是一位老师关于“多姿多彩的春天”的单元统整的框架设计：

语言智能 1.欣赏并吟诵描写春天的诗词 2.叙述描写春天的景致 3.认识春天的节日：植树节、青年节、清明节 4. 阅读课外补充材料	逻辑—数学智能 1.使用磅秤称出水果的重量 2.分析比较春天和冬天气候的差异 3.在春游活动时，能计算老师给予的范围的面积	自然观察者智能 1.观察春天的动植物 2.观察春天的星空、星座 3.了解春天的气候特点 4.认识春天的水果
身体运动智能 1.走访田野，观察春天景色 2.模仿春天鸟类或动物的声音 3.品尝春天的水果 4.进行扫墓、放风筝等活动	主题：多姿多彩的春天	音乐智能 1.欣赏贝多芬小提琴曲《春》 2.教唱《春天在哪里》《春雨》等歌曲
自我认识智能 1.欣赏大自然的奥妙，形成珍惜和爱护大自然的情怀 2.感悟春天的生机勃勃，建立积极进取的人生观 3.扫墓，做好环境整洁及安全维护	空间智能 1.利用星座盘找出春天的星座 2.上网搜集与大自然相关的网站 3.欣赏春天的风景、动植物的图片 4.种植小盆栽	人际关系智能 1.合作记录小盆栽的生长情况 2.与同学一起讨论课外补充文章的内涵 3.与同学一起放风筝，跟同学一起扫墓

（二）教学的多元整合

1. 多元化导入

导入环节历来是课堂教学的重要组成部分，被看成是激发学生学习兴趣的关键步骤，甚至是关系一节课成败的因素之一。多元智能理论为我们提供了导入的新思路：以8种智能类型和学生理解事物的方式为起点，调动起学生多种智能，引发学生的思考。在这样的课堂里，讲故事不再是语文老师的专利，数学老师、自然课教师也常常以这种孩子们喜欢的听故事的方式导入新课。擅长音乐的老师常以音乐作为所教学科的导入手段。剪纸、折纸不仅出现在手工课上，在数学课上讲“轴对称图形”时，老师会说，孩子们把带来的纸折叠，剪成你喜欢的图形。从学生爱听的故事导入，从学生喜欢的手工制作、音乐导入，从人们关注的环保问题入手……老师们用自己擅长的言语智能，将学生的爱好和学习内容联系起来，把实际生活和课堂联系起来，试图从语言智能、身体智能、人际智能等方面激发学生学习的积极性，使课堂一开始便充满了乐趣。这样的课堂导入，增加了教学成功的概率。

2. 多元化理解

一旦兴趣激发起来，接下来的环节便是让学生充分地感知、理解教材。从教师的角度看，多元切入理解教材是指教师多维度、多方式呈现教材。从学生的方面讲，多元切入理解教材就是用自己的学习风格和智能优势表达对教材的理解。

3. 多元化学习

小学古诗教学可以让每个学生从有关读本中选取自己喜欢的古诗作为学习内容，根据自己的智能优势，用自己最喜欢的方式进行个体性学习：喜欢绘画的学生把古诗描绘的意境画出来，擅长唱歌的学生根据不同的诗词内容配以不同的曲子把它唱出来，有朗诵才能的学生进行配乐朗诵，有书法基础的学生把古诗词以书法作品的形式展示出来，有表演才能的学生可以把古诗词的内容用演一演的方式去展示……每人至少用一种方式参与学习。这不仅使语文学习方式丰富多彩，更重要的是调动了每个学生学习的积极性。

4. 多元化作业

布置作业是常规课堂教学的步骤之一，目的是帮助学生巩固所学的新知识。但是语文作业常常是用语言符号的形式呈现，呆板单一，而且全班学生都做同样类型和难度的作业。作业既没有反映出学生间学习能力的差异，又没有反映出学生不同的认识事物方式，致使学习能力强的学生觉得作业水平太低，学习能力差的学生望而生畏，不擅长语言智能的孩子无法表达自己的理解。多元智能理论给教师一个启示：教师可以根据学生多元智能和个性特点布置具有个性化的作业，通过多元化的作业开发学生的多元潜能。

5. 多元化测试

加德纳反对选择题、判断题和简答题等测试形式，测试可以通过其他智能的工作任务进行，建立真正的多元智能测试系统。这种测试让学生在真实环境中展示其能力，而不是通过试卷上的测试。下面是语文测试与多元智能的对应关系：一方面语文测试可通过其他智能的工作来实施（表1），另一方面多元智能的测试也可通过语文任务来施行（表2）。

表1：测试与多元智能

	任务	语文测试
1	语言任务	阅读一本书，然后写下一则心得报告
2	逻辑—数学任务	阅读一本书，然后提出一个假设
3	空间任务	阅读一本书，然后画一幅画
4	肢体—动觉任务	阅读一本书，然后建立一个模式
5	音乐任务	阅读一本书，然后创造一首歌
6	人际任务	阅读一本书，然后与一个同学分享
7	内省任务	阅读一本书，然后进行一次自己的反思

表2：语文任务与多元智能测试

	测试	语文任务
1	语言测试	阅读一本书，然后写下一则心得报告
2	逻辑—数学测试	检查一个统计图表，然后写下一则心得报告
3	空间测试	看一部电影，然后写下一则心得报告
4	肢体—动觉测试	实地参观，然后写下一则心得报告
5	音乐测试	听一段音乐，然后写下一则心得报告
6	人际测试	进行一个合作游戏，然后写下一则心得报告
7	内省测试	思考个人经历，然后写下一则心得报告

▲翡翠城学校课程展示日（2017.12.29）

二、“体课程”课程群意识

课程群是以特定的素养结构为目标，由若干性质相关或相近的单门课程组成的一个结构合理、层次清晰、彼此连接、相互配合、深度呼应的连环式课程集群。一般地说，课程群可划分为知识型课程群、方法型课程群、问题型课程群。其中，知识型课程群多由学科知识课程组合构成，而方法型课程群、问题型课程群则更多地表现为跨学科主题课程的组合。

课程群是一种思维，是一种工具，是一种面向碎片化课程的思维方法和操作工具。随着“核心素养”的倡导，课程改革越来越要求考虑学生素养发展的完整性。课程群构建已成为中小学深化课程改革、优化课程设计的一条有效途径。

（一）聚焦目标

聚焦核心素养，聚焦育人目标，聚焦课程目标，是课程群建设的首要原则。课程群建设必须密切关注学生的核心素养，以全面提高学生的综合素质为宗旨。

可以用“课程矩阵”来确定课程与目标之间的交互效应，运用交互效应矩阵理论的运算方法，分析课程与目标之间的交互作用关系，以确定课程对目标支持程度的信息，获得建构课程群、优化课程体系的依据。一般地说，我们可以将课程对目标的支持程度分成“1、2、3、4”四个等级：4表示该课程对某项目标具有关键的支持作用，即培养目标的实现对其具有直接的依赖作用。3表示该课程对某项目标具有重要的支持作用，即培养目标的实现在一定程度上依赖着这些课程。2表示该课程对某项目标具有一般的支持作用，即该课程对培养目标的实现也起某种作用，在特定的条件下有时也起重要作用。1表示该课程与某项目标无关，或以很小的概率对培养目标的实现起支持作用。

学生具备什么样的素养结构以及如何培育是构建课程群首先要考虑的问题。我们可以优先发展对某项目标具有关键的支持作用的课程，其次关注对某项目标具有重要的支持作用的课程，最后才扫视对某项目标具有一般的支持作用的课程，而与某项目标无关的课程则无须过多在意。

（二）建构链条

也就是确定课程群内各门课程的相关性，课程之间纵向衔接与横向联系，以及自成体系。

从技术角度看，我们同样可以用“课程矩阵”来分析课程与课程之间的交互效应，确定学习一门课程对学习其他课程的影响作用，由此给出课程之间的关系，计算出课程的关联指数，获得课程间的依赖指数。依赖指数可以分为无、低、中、高四个等级，依赖程度高的课程一般应靠后安排（即“后续课程”），而依赖程度低的课程既有可能是应该提前开设的基础课程，也有可能是相对孤立的、可灵活开设的课程（即“前继课程”）。

“前继课程”与“后续课程”的链接构成“课程链”，也就是课程之间的衔接与联系。通过在课程体系中引入“课程链”的概念和方法，将“前继课程”的实施效果放在整个课程群中去衡量，以期在课程实施过程中更好地保证课程体系的整体效果。

很明显，反映课程关系的支持指数与依赖指数是两个重要参数，为课程群的组合、课程体系的建构，特别是为学校课程管理提供了一种思路和方法。

（三）组合搭配

课程群是通过对相关课程进行再设计，以课程间的知识、方法、问题等逻辑联系为结合点，使它们相互照应，相互渗透，体现群内一门课程对另一门课程的意义，形成相对独立的课程系统。课程群建设是各门课程知识体系的重组，要对课程间重复的内容进行整合，对脱节的内容进行弥补，进而把具有相关性的不同课程编排到一起，组成一个“集群”进行系统学习。

因此，课程群是具有关联关系的课程的组合与搭配。在涉及课程序列的安排上，关键是要找到“课程时序”上的衔接点，即根据学时的配比度与开课时序，各门课程在整体中的位置、地位和作用，从系统的观点出发来安排课程。通过表明课程之间内在关系、课程开设先后顺序、课程时量等逻辑关系来描述课程之间的内在关系，经过这样的组合搭配，有助于揭示课程之间的重复、脱节、断线和时序安排上的不合理现象。

（四）整合优化

课程群是一个基于特定目标而组织化了的课程系统，课程之间的内在联系是课程群的“黏合剂”，它将各课程有机地整合成一个联系紧密的“整体”。“关联”和“整合”是其基本特征。如果说“关联”主要反映课程之间的内在联系，它将各门课程黏合成了一个联系紧密的系统的话，那么“整合”主要体现在育人目标、课程结构与课程功能以及课程实施等对接与优化方面。

课程群建设不是几门课程内容的简单叠加，而要打破课程之间的壁垒，实现课程结构和功能的优化。应该通过对不同课程内容进行深入分析，寻找相互之间的内在关系，寻找将不同课程联系在一起的主题，对多门有内在联系的课程进行整合，删除过时的以及重复的内容。课程群汲取了“整体教育”理念，采用具有较强逻辑关联性的课程分类和组合方法，以满足学生的学习需求为出发点，寻求合理的课程框架，是迈向“课程体系”的必要方式。

▲翡翠城学校“体课程”评议会（2017.8.10）

仅把几门有内在逻辑联系的课程召集在一处，只是一个“课程集合”。只有课程间完成了相关整合，成为一个体系，实现课程功能的优化，才能称之为“课程群”。因此，课程群建设应将重心放在相关课程之间内容的整合以及课程功能的优化上。

三、“体课程”初步建构

2017学年至2018学年翡翠城学校首先启动“体课程”的研制，主要实施的是第一学段的“体课程”，现将其介绍如下：

（一）“体课程”的含义

从“体”字的含义看，“体”字由“人”和“本”组成，本义就是“以人为本”。它含有主体、立体、结构体的意思。所以“体课程”反映的是学生主体、立体构思、综合实施的思想。

从“体课程”一词的含义看，它的基本元素是：（1）体状的。它不是线型的、点状的，而是立体交织的；（2）课际的。它不是单一学科的，而是体现学科与学科的密切联系。以语文为主线构建“体课程”，也可以以其他学科为主线构建“体课程”；（3）程效的。“体课程”在特定的学程里发挥作用，特别适用于第一学段（1—2年级）。

（二）“体课程”的价值

1. 实践价值

（1）学科互动。以“语文”为主体的多学科沟通和互动。这是一个基于语文学科为中心的多学科“结构体”的课程。当然，也有以其他学科为主体的多学科沟通，但只是少数的。

（2）知识整合。以汉字、汉语、汉文为线索整合第一学段国家课标规定的知识内容。这是基于国家课标的课程新构架，是国家课程校本化的一种新尝试。

（3）直面问题。小学1—2年级实施“体课程”，能很好地解决幼儿园到小学的衔接、各学科的知识重复等实际问题。

2. 学术价值

基于小学生核心素养，构建以“体课程”为中心的减负高效第一学段教育体系，包括课程建设、教材编写、课堂实施、教学评价、教师和家长的培训等。

（1）态度素养。“体课程”致力于小学生良好学习态度、姿势、习惯的形成和发展，真正打造“学本课堂”。

（2）知识素养。依据各学科的课程标准和教材，梳理各学科的知识体系和知识点。在此基础上，对知识进行分类整理、比对检验和知识配对，构建学本课堂的知识新体系。

（3）文化素养。基于知识系统和学生的认识系统的结合点，试图通过更宽泛的国际视野、民族文化、能力取向来构建一个新的知识结构、新的课程框架和新的课型体系。

3. 推广价值

（1）国内首创。“体课程”作为一个新的课程建设项目，在国内尚属首次。“初始之物，其形必陋”，需要反复论证，慎重对待，逐步推进。

（2）独具特色。它不是“网络课程”，不同于“主题课程”，有别于“全课程”，区别于“拓展性课程”。它的特色在于：

基于“全人”。课程目标是以学生的“全人”发展为目标的。

基于“全内容”。课程的建构是对知识的有机融合，是对各学科知识的重新梳理和重新编排。

基于“全域”。课程的实施和评价是全面的、全方位的、全程的，形成“全人教育”的新格局。

（3）可以复制。“体课程”的思想力、设计力、执行力和评价力都是可以供大家借鉴，并可以不断修正、复制和推广的。

（三）“体课程”的特征

1.“全人”发展的目标

促进学生三个方面的发展：多方面的和谐发展、特长充分发展、可持续性发展。

2.“全网”整合的内容

以各门学科课程标准的知识要素、现有教材知识点为基础，构建单元主题式教育内容：

（1）网点。以各学科的知识点为基础。

（2）网线。以语文课文为主线整合其他学科：数学、道德与法治、音乐、体育与保健、美术、科学、综合实践……

（3）网面。故事（童话、寓言、神话）、诗歌、绘本、歌曲、绘画、舞蹈、戏剧、游戏……

拟编写“体课程”教材一上、一下、二上、二下4册，每册分2本。

3.“全程”综合性教学

“体课程”课型。统合的方法：

（1）以“语言”为主线的课型，通过语文课文进行课程的统合。

（2）以“知识”为主线的课型，以某一知识为中心进行统合。

（3）以“主题”为主线的课型，以某一主题为中心统合各学科知识。

（4）以“问题”为主线的课型，围绕自己所关心的问题统合各学科知识。

（四）“体课程”的设计

天 地 人

一上《语文》第1节识字课

5课时

核心内容

	核心素养	核心内容
1	态度素养	1.正确的学习姿势 2.正确认识自己的态度
2	知识素养	1.认识与自己有关的汉字：人、我…… 2.认识自己身上10以内的数 3.画一张人像 4.了解一些对自己的道德规范
3	文化素养	认识自己，保护自己

第一课　识字（一课时）

认识与自己有关的汉字：人、我、头、脖子、胸、肚子、手、脚

一、游戏中读音

二、小组中记形

三、练习中析义

第二课　数字（一课时）

第三课　看图（一课时）

第四课　画画（一课时）

第五课　游戏（一课时）

四、“体课程”的编写尝试

（一）“体课程”的编写

●将小学各科第一学段的目标细化，从态度、知能、文化三个方面的细化，形成感受、理解、运用三个水平。

●以小学语文第一学段的知识点及水平为主，整合数学、科学、体育与健康、音乐、美术、道德与法治的知识点及水平，形成“体课程”的知识结构体系。

●以部编语文教材课文为主体，将语文的口语交际、学习园地、学习吧等内容整合到课文中。

●根据“体课程”知识结构体系，参考人教版数学、科学、体育与健康、音

乐、美术、道德与法治，进行“体课程”编写。

●每一课为5课时，语文大致占2课时，数学1课时，体育与健康、音乐、美术、道德与法治各占0.5课时。

●每一课时一般为三个环节，有关练习直接编写于其中，讲练结合，作业课内完成。

●作业要以学生的语气提出，编写用字为楷体。

●要图文并茂，动静结合，讲练结合。

（二）“体课程”的样式

识字课 升国旗

	核心素养	核心内容
1	态度素养	要尊重各国国旗；升国旗要有良好行为规范
2	知识素养	1.认识“升、国”等11个生字和两个偏旁，写“中、五”等4个生字 2.借助国旗，认识“长方形、正方形”等基本图形，并能利用基本图形进行简单地运用 3.以剪、拼贴基本图形等方式制作国旗，并进行读写绘 4.模拟小奥运会，进行行走练习；模拟升国旗，学唱《国旗国旗真美丽》，并进行简单动作编舞
3	文化素养	1.初步感知国旗与民族文化的联系 2.国旗与国家的国际视野渗透

第1课 识字课

shēng guó qí
升国旗

zhōng guó guó qí wǔ xīng hóng qí
中国国旗五星红旗

wǔ xīng hóng qí， wǒ men de guó qí。
五星红旗，我们的国旗。

guó gē shēng zhōng， xú xú shēng qǐ；
国歌声中，徐徐升起；

yíng fēng piāo yáng， duō me měi lì。
迎风飘扬，多么美丽。

xiàng zhe guó qí， wǒ men lì zhèng；
向着国旗，我们立正；

wàng zhe guó qí， wǒ men jìng lǐ。
望着国旗，我们敬礼。

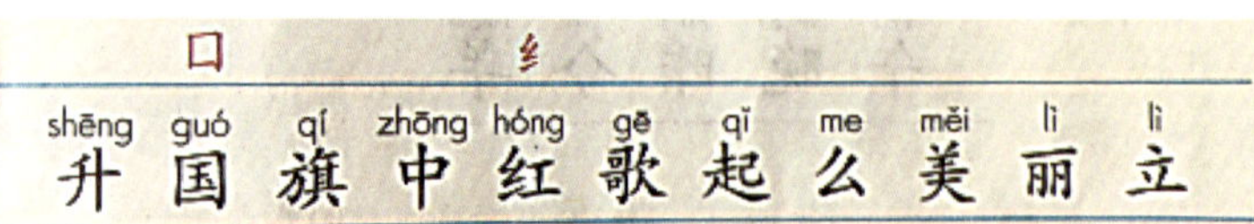

一、读一读

朗读课文。背诵课文。

二、记一记

1. 认一认字，说一说自己是用什么方法记住的。

升 国 旗 中 红 歌 起 么 美 丽 立

2. 想一想，连一连。

美 丽 起 升

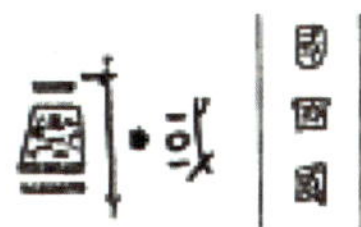

国 中

3. 学一学偏旁。

国——口 红——纟

三、比一比

1. 说一说“旗”字的演变过程。

2. 想一想，你见过哪些旗。

3. 看一看，国旗有什么特点。

4. 比一比，国旗与其他旗有什么相同点和不同点。

第2课 图形课

一、做一做

1. 说一说，你身边哪些物体的面是你学过的图形。

2. 画出自己喜欢的图形。

二、找一找

1. 拿出课前收集的各国国旗，向大家简单介绍国旗。

2. 找一找，圈一圈，你在国旗上找到了哪些基本图形。

中国

美国

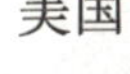

英国

布隆迪

所罗门群岛

三、拼一拼

1. 拼基本图形。

（1）用两个同样的三角形可以拼成一个平行四边形。

（2）用两个这样的长方形可以拼成一个正方形。

（3）你来试一试，还可以怎样拼？

2. 拼一拼国旗。根据老师提供的图形来拼一拼国旗，你能拼出几面国旗？

第3课　手工课

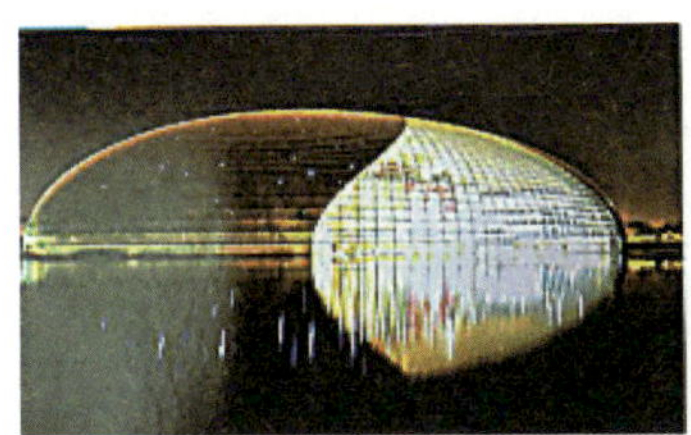

北京　国家大剧院

苏州园林　圆洞门

埃及　金字塔

上海　东方明珠塔

一、说一说

这些生活中常见的物品是什么图形，说一说自己知道的各种基本图形。

二、找一找

找一找，这些国旗由哪些基本图形构成？

中国

美国

英国

布隆迪

所罗门群岛

三、论一论

论一论，制作一面国旗分为哪几步。

添画

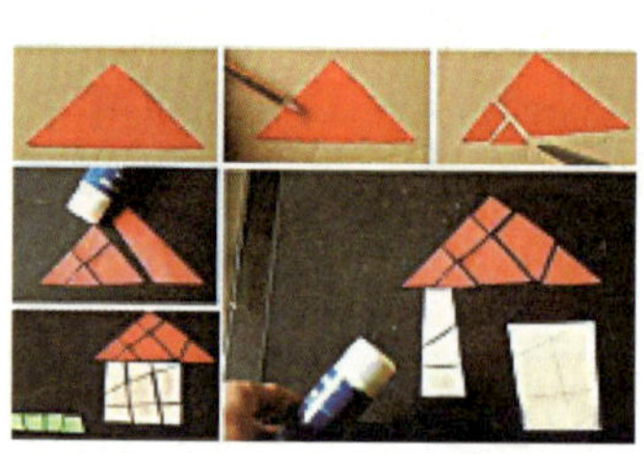
拼贴

四、做一做

分工合作，用添画或拼贴的方法制作一面国旗。

第4课 读写课

一、读一读

1. 读一读下面的词语。

升起 上升 国家 国旗 红星 红色

一起 起立 美丽 美国 中国 中心

2. 读一读，选一选。

①五星红旗　　②立正敬(jìng)礼(lǐ)　　③升起　　④美丽

我们的国旗是（　　）。

国旗声中，徐徐（　　）。

迎风飘扬，多么（　　）。

面向国旗，我们（　　）。

二、写一写

1. 描一描，写一写。

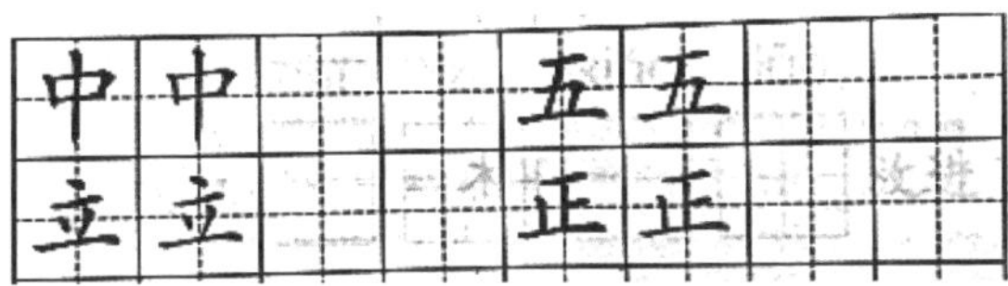

2. 组一组，写一写。

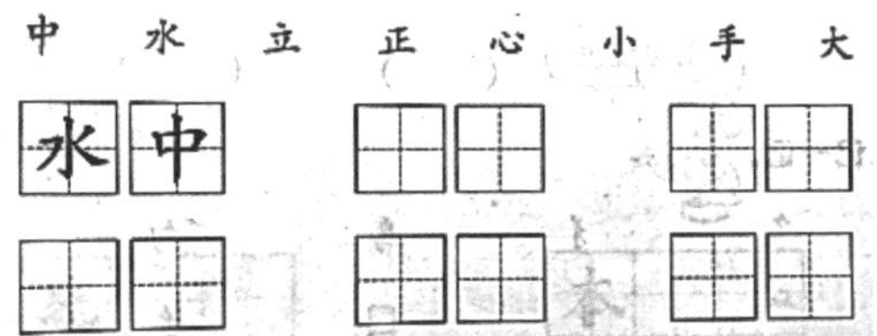

三、说一说

1. 说一说。

国旗一般在什么场合、什么时间使用?

升自己国家的国旗要怎样做?

升其他国家的国旗要怎样做?

2. 写一写。

在读写绘作业纸上画一面国旗，并在下面的格子里写几句话。

第5课 活动课

中国代表队入场

英国代表队入场

所罗门群岛代表队入场

美国代表队入场

布隆迪代表队入场

一、走一走

分成五组，代表五个国家进行运动员入场仪式。各运动员进场：齐步走、稍息、立正、向右看齐、向前看齐练习。

二、比一比

代表五个国家，进行50米接力比赛。

三、升国旗

升比赛胜利国家的国旗。

四、演一演

1. 用“lu”字哼唱《国旗国旗真美丽》。

2. 边拍节奏边模唱《国旗国旗真美丽》。

3. 带感情演唱《国旗国旗真美丽》并加上舞蹈动作。

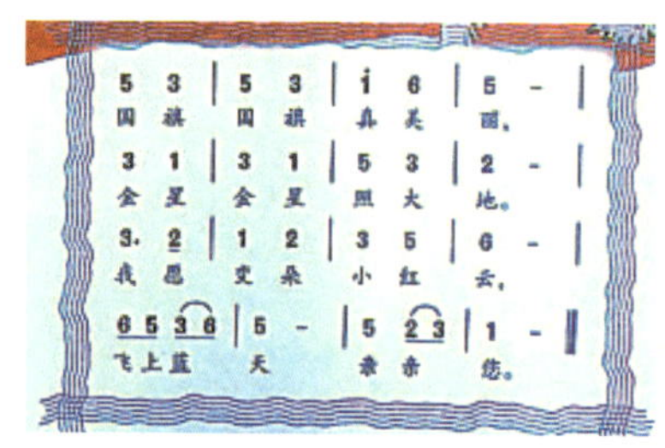

（三）“体课程”的教学

▲第一次“体课程”试教：陈贤彬执教（2017.12.25）

实践，是课程最美的语言。

学校课程实施方式其实是孩子们与世界打交道的方式。在进行课程实施时，翡翠城学校让所有教师动起来，多试几个方法，让所有的渠道畅通起来，学校课程变革图景一定美妙绝伦。“体课程”的主要学习方式：

1. 整合学习

包括学科内的整合、学科间的整合、学科与生活的整合以及学习方式的整合。美国学者雅克布斯把整合学习分为六种不同的设计策略：

（1）学科本位的设计，即在学科的框架之内实现课程内容的整合。

（2）平行设计，即将两门相关学科的某些主题安排在同一时间教学，把建立两门平行学科之间关联的责任交给学生。

（3）多学科设计，即围绕一个共同的主题将多个相关学科整合在一个正式的单元里。

（4）跨学科设计，即将学校课程中所有学科有意识地统合在一起，形成常规的大单元。

（5）“统整日”设计，即完全从学生生活世界出发开展活动。

（6）现场教学，以学生所在的学校环境及日常的生活为内容展开学习，是一种完全的整合设计。这六种设计策略构成了一个由完全保持学科界限的设计，到没有任何学科界限的完全整合设计的连续体。

2. 围坐学习

围坐学习给课程实施带来许多变化，如学生面对面交流，有利于激发交流愿望；方便学生及时将成果在组内反馈，掌握自己的学习效果；学习活动形式更加多元；方便组内学生的互帮互助。

围坐学习可以分为“有形围坐”和“无形围坐”。围坐是学习小组的一种有形存在形式；而无形围坐是在不需要合作学习时采用传统的坐法，在需要合作学习时，随时以小组形式围坐。可以根据不同学段、学科、教材，随堂、随机组织合作学习；可以把学生分成两人组、三人组、四人组等；合作时，可以同位交流、互教互学，也可以前后位转身交流。从某种意义上讲，围坐不应该是一种形式，而应该是一种良好的学习态度。

3. 玩耍学习

玩耍作为一种对周围事物进行肢体语言的沟通行为，需要很强的大脑神经的支配。从某种意义上说，这本身就是一种具有高强度的意识行为，带有一定的目的性以及必不可少的趣味性和可操作性。而玩耍学习要做到以上提到的各种要点，需要在保证学习顺利进行的前提下达到学习目的。

玩耍分为随意性玩耍和有积极意义的玩耍。其中，随意性玩耍最多见。而有积极意义的玩耍学得更多，收获更大，如在郊游时给学生传授一些人文地理知识及对所见事物的认知。

在完成学习、保障安全的前提下，我们应放手让孩子去玩。可以说，学习与玩耍是同等重要的事情，两者相互促进、相得益彰。

4. 问题学习

问题学习是把学习置于复杂的、有意义的问题情境中，通过让学生以小组合作的形式共同解决复杂的、实际的或真实的问题，学习隐含于问题背后的知识，形成解决问题的能力。

问题学习的模式有许多，可分成五个阶段：（1）遭遇与定义问题。在此阶段中，学习者置于真实问题情境中，面对如何解决问题的困境，在自我发掘问题后，学习者便可以开始学习新的概念与知识。（2）搜集信息。在此阶段中，学习者为了找出支持自己假设的证据，便开始搜集大量相关的信息。（3）评估信息。透过小组讨论，确认数据来源之适切性、可用性及应该如何运用、整合这些资源，以提出解决策略。（4）总结。此时，学习者必须谋求问题之解决方案与呈现方法，可以利用多元的方式呈现研究结果。（5）省思。在此阶段，学生必须进行学习过程之自我省思及评鉴。总之，问题学习以问题为学习起点，整个学习历程紧扣问题而生。

5. 影视学习

教师用影视推进课程实施，有利于学生对知识的形象理解。影视中有丰富的表情、手势和其他的视觉线索，这些都能帮助学生理解特定的文化。所有这些超语言特征能够帮助学生看见他们不能听到的东西，这些东西对学习非常重要。

影视学习的步骤：（1）影视的选用。教师需要根据学生的程度和需求进行合理的选择。既要考虑到学生的兴趣，也要考虑到影片本身的内容是否适宜。（2）观影前的准备活动。要让学生明确观影过程中的任务，即带着目的去观影。（3）播放方式的选择。影视学习并不是千篇一律地将一部影片拿来直接播放。教师需要根据不同的教学目的选择不同的播放方法，如可以选择片段播放。

6. 仪式学习

仪式具有整齐、庄重的特点，能集中表达特定的主题，更容易引起学生情感的共鸣。仪式学习需要做到“三个精心”，即精心策划、精心组织、精心实施，注重每个细节，从会场布置到人员着装，从每个程序到内容都要体现庄重感。翡翠城学校拟根据学生的认知水平，贴近学生生活实际，设计具有连续性的系列仪式学习活动：一年级入学礼、二年级宣誓礼、三年级生日礼、四年级幸福礼、五年级军营礼、六年级毕业礼，构成了学生成长的阶梯。

仪式学习是学生精神发展、思想发展的燃料，可以唤醒每个学生对生命、人生的体悟。

7. 节庆学习

节庆学习是围绕一个或多个经过结构化的主题节日进行学习的一种方式。在这种学习方式中，“主题节日”成为学习的核心，而围绕该主题的结构化内容成了学习的主要对象。

每个学期开始前，学校集体研究、策划不同主题的校园节日，以丰富多彩的节庆活动吸引学生，比如，绚烂多彩的“嘉年华”、生机盎然的“花卉节”、开阔眼界的“旅游节”等。在具体操作方面，学校要设计体现学生学习需求、具有时尚元素的校园节日活动方案。最好是让学生自己设计、自己策划、自己实施、自己评价，从选定主题到活动环节、活动呈现等都让学生参与进来。

翡翠城学校致力于机制建设和评价方式探索，如设置“最佳节日评选活动”，评选“最佳创意奖”“最佳人气奖”“最佳时尚奖”“最佳娱乐奖”等奖项，让家长设计评价方案、参与评选。

8. 沉浸学习

沉浸学习是指为学生提供一个真实的学习环境，通过深度参与、高度互动而获得知识、提升技能。它可以通过虚拟现实技术，借助虚拟学习环境而实现。虚拟现实技术的特点在于，计算机可产生一种人为虚拟的环境，把其他现实环境编制到计算机中产生逼真的“虚拟环境”，从而使用户在视觉上产生一种沉浸于虚拟环境的感觉。

在课程实施过程中，可以运用虚拟现实技术，让学习引人入胜。例如，某个学生热爱自然，有了虚拟现实技术，他就能够跟随一个水分子，看着它被太阳蒸腾，变成水蒸气从地面升到空中，再变成雨水降落到地面，最终被地面吸收。在这样的体验中，学生可能会对整个循环的某个过程产生好奇心，进而产生学习的兴趣。

9. 赛事学习

赛事学习即在特定的规则之中，让参赛者在知识、智力、体能、技术、技能等方面进行单项或综合的较量，最终依照规则评定出胜负或者排名的一种学习形式。

▲老师在上“体课程”（2017.12.25）

让学生参加比赛是一种很好的锻炼机会。比赛有输赢，学生知道了努力的重要性；比赛有团队，学生懂得了友谊和付出；比赛有困难，学生收获了解决问题的勇气；比赛有情绪，学生释放了最真实的自己。所以说，比赛是促进学习的一股力量。

第九章　精气神

▲书法家周云飞题写

“精气神”是中国古老的、特有的、本色的一个词语，主要是指一个人的总体精神面貌。这也是翡翠城学校办学的一个核心理念。

一、精气神

（一）精气神的本义

精、气、神原本是中国古代哲学的三个概念，是指形成宇宙万物的原始物质，含有元素的意思。中医认为精、气、神是人体生命活动的根本。道教的内丹学吸收了这种思想，并且重组成“精气神”一词。

从渊源上看，道教内丹学的“精气神”概念发端于先秦哲学与医学。《周易·系辞上》说：“精气为物，游魂为变，是故知鬼神之情状。”意思是说，精致的气凝聚成物形，气魂游散而造成变化，考察物形的变化，这就能够知晓“鬼神”的真实状态。在上古哲学中，不仅有“精气”的概念，而且有“精神”的概念，《庄子·列御寇》在描述“至人”的生活状态时就使用了“精神”的术语。在《庄子》中，“精神”指的是人的“心志”。战国以来的“医家”也如此认为。如《黄帝素问·生气通天论》即说："阴平阳秘，精神乃治；阴阳离决，精气乃绝。"从各种阐述看，精气神的本源义是：

1. 精

"精"泛指人体一切营养物质，有先天与后天之分。先天之精来源于父母，后天之精来源于饮食。精主要由肾来管理，于是有"肾精"之称。"人始生，先成精"，精不仅是构成人体的基本要素，而且主宰人体整个生长、发育、生殖、衰老的过程。

2. 气

"气"是维护人体生命活动所必需的微量物质，是推动人体脏腑组织机能活动的原动力。它既是物质的代称，也是功能的表现。气在人体有推陈出新、温和脏腑、防御外邪、固摄精血、转化营养等重要职能。"人之有生，全赖此气。"气息周流全身，循环不息，人体则健康无病。

在《寿亲养老新书》中说："人由气生，气由神往。养气全神可得其道。"书中还归纳出古人养气的一些经验："一者，少语言，养气血；二者，戒色欲，养精气；三者，薄滋味，养血气；四者，咽津液，养脏气；五者，莫嗔怒，养肝气；六者，美饮食，养胃气；七者，少思虑，养心气。"此七者强调了"慎养"。

由于气是流行于全身、不断运动的，所以人体也要适当地运动，促进脏腑气机的升降出入，才会有利于维持机体的正常生理功能。所以古人提倡"人体欲得劳动，但不可使之极（过度）"。我国流传下来的多种健身运动及气功，就是以动养气的宝贵遗产。

3. 神

"神"是指人体的一系列精神意识、思维活动，为心所主。古人认为，心是人体的最高司令官，神则居其首要地位。神是精神、意志、知觉、运动等一切生命活动的最高统帅。它包括魂、魄、意、志、思、虑、智等活动，通过这些活动能够体现人的健康情况。例如：目光炯炯有神，就是神的具体体现。心健则神气充足，神气充足则身强，神气涣散则身弱。《素问·移精变气论》说："得神者昌，失神者亡。"因为神充则身强，神衰则身弱，神存则能生，神去则会死。中医看病时，就是用观察病人的"神"来望诊的。

精、气、神三者之间是相互滋生、相互助长的，他们之间存在非常密切的关系。精充、气足、神全，是健康的保证；精亏、气虚、神耗，是衰老的原因。精、气、神虽各具其特性，但三者是不可分割的一个整体，存则俱存，亡则俱亡。中医评定一个人的健康情况，或是疾病的顺逆，都是从这三方面考虑的。古人有“精脱者死，气脱者死，失神者死”的说法，以此也不难看出“精、气、神”三者是人生命存亡的根本。

“精气神理论”不仅是中国哲学、中医、道教的核心，也是易学的基础理论，易学的所有知识都是在精气神理论基础上发展起来的。

（二）“精气神”的引申义

▲翡翠城学校外籍教师Maryke讲话时的精气神（2017.10.20）

中医认为精、气、神为人的“内三宝”，耳、目、口为人的“外三宝”。

从“内三宝”看，人的生命起源是“精”，维持生命的动力是“气”，而生命的体现就是“神”的活动。所以，精充气就足，气足神就旺；精亏气就虚，气虚神也就少。反之，神旺说明气足，气足说明精充。据此，中国古人一直追求的人生最高境界就是：炼精化气，练气还神，练神还虚。具体地说就是：

1. 精神饱满

▲怀孕老师仇明芹（站立右边第一人）在培训吟诵时的精气神（2017.9.5）

“精”其实是一个人的精神面貌。有些人精神很好，什么时候看起来都精神饱满，这就是精足的表现。精神面貌好是身体好的一种表现，也是来自心灵的一种自信表现。因此，道教把能够使人精神饱满的训练称为“练精”。

2. 表达有力

“气”其实是表达的技巧，特别是语言表达能力。所以，把能提高表达能力的训练称为“练气”。练气并非易事，它包含的内容众多，因此“气场”与境界也有所不同。

3. 思想智慧

眼是心灵的窗口，通过眼可以看出一个人的神。这种神是思想的表露。因此，神来自思想。练神就是丰富思想或灵魂，提升智慧水平。

王阳明的《传习录》中提到他关于“凝聚为精，流行为气，妙用为神”的观点，“精气神”不仅适合于普通的待人和处事，也适用于教育、课程和教师。

（三）“精气神”的教育义

“精气神”是人生存的根本，也是教师发展之根，它反映了教师的精神长相，彰显了教师的文化特性，决定了教师的人生样态。这种“精气神”，用教育学术语称为“教师精神”。

教师的“精气神”是一个综合性概念，具有更丰富的内涵。一般认为教师应具备五种精神：（1）不计得失的奉献精神。（2）不甘落后的进取精神。（3）爱生如子的园丁精神。（4）认真执教的敬业精神。（5）终身从教的专一精神。

翡翠城学校培养“翡翠教师”，努力把教师打造成具有一流的翡翠般的品质的教师，对“翡翠教师”提出如下“精气神”要求：

1. 教师之“精”

早在2001年2月，江潮教授就对浙江省70位小学语文特级教师的材料进行了系统整理，编著一书《名师之路》，研究发现名师成功的九个基本因素是：执着的奋斗精神、先进的教学理念、扎实的教学实践、独特的教学风格、严谨的治教态度、经常的教学反思、很强的科研意识、良好的教师素养、广泛的社会影响（见此书的前言）。今天看来，仍然具有现实借鉴意义。

当然，在教育改革的当下，教师的精神面貌有了变化，富有时代特色，那就是：

（1）精准的课程思想。主要是基于“课程”的思维方法。

（2）精巧的PCK知识。主要关于核心教学能力的知识。

（3）精深的文化底蕴。知识是短暂的，能力是长久的，文化是永恒的。翡翠教师应努力做一位“文化人”。

2. 教师之“气”

（1）正气。诸如秀气、和气、志气、骨气、旺气和气度。翡翠城学校的教师高唱“正气歌”。

（2）才气。例如，底气、语气、睿气。

（3）潮气。翡翠城学校的教师要具有“气象”：大海的胸怀、大浪的度量、大潮的气势。

我们倡导：翡翠教师要练好太极气功，跳好“元极舞”（根据元极学理论创编的，融舞蹈、医学、音乐、武术于一体的健身舞）。

3. 教师之“神”

翡翠城学校的教师要有一定的“神色”和“神奇”：既要神态自若，又要料事如神，还要神机妙算。

2013年3月在浙江省“浙派名师、名校长培训班”开学典礼的讲话中，汪潮教授提出了“名师”名在哪里的倡议。今天，翡翠城学校又在思考，“翡翠教师”的“神”在哪里：

（1）“神”在脑袋。“神”在思想，“神”在智慧，“神”在精神。

（2）“神”在双手。一手抓课堂教学，一手抓教学研究。两手都要抓，两手都要硬。

（3）“神”在双脚。要当名师意味着要走更多的路，付出更多、更大的努力。翡翠教师要走学习之路、走个性之路、走品牌之路。

“品牌”的三个元素：质优的、专业的、公认的。翡翠教师要有经典性和示范性的特质。

翡翠教师追求的是：做一个有精气神的老师！做一个有精神气的老师！做一个有神气精的老师！

▲汪潮教授专程拜访中国教育科学研究院小学语文专家93岁的张田若先生（2017年2月18日深夜12时于江苏省常州市金鼎公寓1818室）

二、教育精神

（一）教育精神的价值

精神是人类思想具体而又抽象的一种思维空间活动，它支配着人体本能，引领着实际行动。当今社会，无论物质文明如何发达，但对学校和教师来说，精神还是占第一位的，精神远比物质重要得多。教育精神的主要价值如下：

1. 教育精神是教育者的基本信念

无论教育精神的实际内容是什么，它必须化为教育者的基本信念，才可以让教育活动具有魂魄。每一种行业均会有自己的“道”，即有自己的基本信念，教育当然也不会例外。但是，我们能轻易地发现，做了一生的教育工作却毫无教育家气质的人，同时也能发现资历不深但做起教育来却大气恢宏的人。这两种教育者的差异，关键应在于明白或未明白教育精神、有或没有把教育精神作为自己的基本信念。

翡翠城学校创办起始有一个“信念”：使人感动。那就是“用我们的努力缔造一所新式学校”。这其中包含着一种良好的精神状态：那是一种不畏困难，勇攀高峰的精神；那是一种敢于追求，敢于突破的精神；那是一种积极向上，奋发进取的精神；那是一种自我加压，自我担当的精神；那是一种仰望星空，脚踏实地的精神；那是一种充满自信，充满朝气的精神。学校的精神状态是十分重要的，一所学校的精神状态集中体现在学校的精神面貌、精神氛围上，是学校文化与灵魂的反映，而这是决定一所学校凝聚力、感召力的重要因素，也是决定这所学校发展的重要因素。

2. 教育精神是一切教育创造的第一依据

翡翠城学校建设之始，就树立了一种教育精神。精神高标矗立，则教育的一切问题都不仅具备了解决的逻辑起点，也同时具有了直面的勇气与力量。

“绿色的、坚毅的、融和的”是翡翠般的精神和品质，也是翡翠城学校每一位教职员工的努力方向。

3. 教育精神是衡量教育者教育行为的基本标准

教育精神就是教育活动本质特征的充分体现。只有体现了教育精神的教育者才算得上是完全的教育者。学校的管理者、学生以及学生的家长，都会评价学校里的教师，对教师的教育行为发表自己的意见。可他们评价教师教育行为的标准又是什么呢？仅凭经验的观察，我们发现管理者对教师的评价一般会在德、能、勤、绩四个方面进行。德、能、勤，是个人的素质问题。绩，是教师教育劳动的结果问题。显然，管理者对教师的评价主要看两个方面，一是教师个人的素质，二是教师所取得的成绩。学生对教师教育行为的评价要细致得多，他们虽然也看重教师的个人素质以及最终的结果，但更重视自己在教育生活中的切实感受。学生对教师的评价最接近教育劳动的本质特征。只是他们无力用理论的方式把自己独特的感受表达出来。至于学生家长对教师的评价，应该说还涉及不到教育行为的层次，他们一般是以自己的孩子在学校所取得的成绩和心灵感受为依据的，多少会带有功利化的倾向。可以看出，人们对教师及其教育行为的评价思路是非常简明的，简明中又的确缺少了什么。缺少了什么呢？就是缺少了对教育精神的关注。

我们以为，精神是一种明亮的光辉，是一种无形而催人奋进的力量。一个人没有精神不行，教育工作者没有精神更不行。有精神的教育者，会时刻将教育放在心上，就算明天离开这个岗位，今天也要把工作做好；有精神的教育者，会将教育升华为艺术，使金石开花、朽木成雕；有精神的教育者，一定是有思想的人，有思想的人是力量无边的人。

“学校精神”是学校文化的最高境界。所谓“学校精神”，从社会学、文化学意义上说，就是赋予学校以生命活力并反映学校历史传统、校园意志、特征面貌的一种校园精神文化形态，它活跃于校园内部并归属于学校文化的范畴。按层次分，“学校精神”处于学校文化的最上层，是学校文化的核心，它是在学校传统基础上，通过师生的实践活动并经过历史的积淀、选择、凝练、发展而成的，是学校文化体系中高度成熟并已被学校及其师生一致认同的精神文化，它是学校具有特殊意义的、具体化了的教育产品，是学校精神风貌、教育个性、社会魅力的高度表现，也是师生们耳濡目染、受益终身的精神财富。

（二）教育精神的内容

教育精神从内容构成上可分为三个方面：

1. 教育认识

教育作为一种社会现象，一种社会存在，人类对此的思考从来没有停止过，教育认识也因此不断得以深入和丰富，构成了教育精神最基本的内容。它是人类宝贵的精神财富和精神力量。教育认识的物化形式有：

（1）校训，是将办学理念、道德要求、工作风格、生活态度等概述为警示格言，要求师生共同遵循，逐渐内化成为习惯。当然，各个学校如何进行概括，又必须群策群力，集中集体的智慧，反映学校的特色。与校风相比，校训的主体是学校。学校要通过颁发的形式使其成为规定，让师生遵守。

（2）校规，是学校所定的师生员工必须遵守的规则，而规则是供大家共同遵守的制度或章程，具有预先设定性、一定的权威性和强制性。校规既是学校教育生活有序运行的必要保障，也是对学生不良行为予以管理和惩戒的根本依据。

（3）校歌，是将校训和校风的内容用旋律、和声、节奏表达出来，使之形象化、艺术化，更易走进师生生活。校歌是校训和校风的重要载体。校歌是有魅力的，它能使低沉的情绪变得高昂，在心底激起浪花，也能使枯燥乏味的重复变化情调，点燃新的创意。

（4）校徽，作为校训和校风的重要载体，是一种空间的艺术造型，于无声处听有声。设计出既结合学校特征又富有思想内容的好校徽，它本身就可以使师生在可以感触的艺术形象中受到美的感染，热爱自己的志向，并且要捍卫它的尊严。

▲翡翠城学校的校徽LOGO（2017.6.20）

2. 教育信念

教育信念指的是在一定的教育认识基础上，由对教育活动在个体和社会发展中的意义及其实现方式极度信服和尊重而形成的稳定的心理倾向。人之所以要教育，人之所以要接受教育，其后都有教育信念支撑，它是教育行为稳定、深厚的内在心理动力。今天，我们对学校教育表示疑虑，某种意义上，这是教育信念的动摇。教育信念作为人强烈的心理倾向和内在体验，是教育精神的重要构成，成为教育本质力量得以发挥的重要心理前提。

中华民族有悠久的历史和灿烂的文化，其教育精神是丰富的。翡翠城学校将继承中华民族的优良品质，如：

（1）“厚德载物”的重德精神。中华民族具有重德的传统，强调道德作为整个社会立足的基础，主张让道德观念渗透到人的各个方面，并以道德观念为标准来判断当褒还是当贬，判断世事的是非。

（2）“自强不息”的进取精神。中华民族早已形成的“天行健，君子以自强不息”的民族精神，是中华民族的脊梁所在，它集中反映了我国各族人民在长期的社会实践中用于战胜艰难险阻、百折不挠的艰苦奋斗的品格。

（3）“学而不厌”的好学精神。孔子提倡的学而时习之；以博学而笃志，切问而近思；发愤忘食，乐而忘忧：这种强调通过学习来提高人的道德情操和品

质，是把一般的文化知识与伦理道德联系起来的传统观念。

▲保安人员校大门口主动为学生撑伞（2018.1.3早晨）

教育精神是在办学的历史过程中形成的办学理念和共同的价值追求，是教育文化的精髓、核心，是学校之魂，是比教风、学风、作风更深刻的文化特征，而教风、学风、作风只是教育精神的外在表现。教育精神反映了学校独有的价值取向，呈现了学校的品格，是指导学校行为的基本信念、基本准则。教育精神是学校最富典型意义的价值取向和精神特征，是学校生命力、凝聚力、感召力的重要体现，是学校文化的核心和学校生命的灵魂所在。教育精神是学校优良传统中最宝贵的部分，是学校历久弥新的不竭动力和源泉，对凸显和稳定一所学校的形象、特色、风格和水准具有举足轻重的作用。教育精神作为一种动力源，是一种无形的资产；作为一种规范力量，又具体可感。

下面记录的是方建兰校长2017年9月这一个月下午放学后到家的时间：全月均为晚上6：30后到家、2个晚上凌晨才到家、一个月9天加班、一个月与家人共进2个晚餐……

从中是否可以看出这所新兴学校的“学校精神”？

日期	返家时间		备注
9.1	凌晨1：05		开学第一天
9.2	23：11	加班	周六
9.3	23：19	加班	周日
9.4	22：09		
9.5	22：16		
9.6	22：18		
9.7	22：07		
9.8	20：34		
9.9	23：28	加班	周六
9.10	22：39	加班	周日

9.11	19：58		
9.12	22：47		
9.13	18：30	与家人一起用餐	教育局开会
9.14	19：59		
9.15	23：06		
9.16	19：50	加班	周六
9.17	20：28	加班	周日
9.18	19：40		
9.19	19：46		
9.20	20：20		
9.21	20：07		
9.22	20：11		
9.23	20：09	加班	周六
9.24	21：27	加班	周日
9.25	20：22		
9.26	20：28		
9.27	21：04		
9.28	18：30	与家人一起用餐	外面开会
9.29	23：27		
9.30	凌晨1：20	加班	周六

▲游西溪湿地时，方建兰校长为学生擦鼻涕（2017.11.9）

3. 教育探索

教育探索一方面是理论上的，另一方面是实践上的。教育理论的不断生长和教育实践的不断深入离不开主体锲而不舍的探索心理品质，包括思维的、情感的和意志的诸多方面。教育探索本身是人类精神的一种表现，成为教育精神的有机组成部分，反映了人们对教育价值和教育理想坚定执着的追求意志和深沉激越的情感体现。这是一种精神对精神的创造，是学校生命精神的闪耀。下面是翡翠城学校的初步探索：

（1）对学校发展动力的探索。推动学校发展的动力有三个：一是学校内涵价值的确定和提升，这是理念的力量。二是学校体制的建立和创新，这是结构的力量。三是教职员工、学生和家长的积极性，这是核心的力量，这三个力量协同作用，从而推动翡翠城学校的持久发展。

（2）对学校管理体制的探索。学校设立“三学部、四中心”管理机构。把各年级分为三个学部：一学部（1—2年级）、二学部（3—4年级）、三学部（5—6年级）；把各职能部门整合为四个中心：学校服务中心、课程建设中心、教师发展中心、学生成长中心。

“学部—中心”的管理机构，打破了原有的组织架构，从以教育事务为中心转变为以人的发展为中心。学校管理重心下移，缩短了管理路线，学部的综合管理、系统落实功能突出。各个中心加强了设计、指导、监督、服务的功能，为学校进行整体发展的顶层设计留出了空间。

（3）对“新校长”的探索。作为新任校长，要对以下五个问题进行基于逻辑又系统的思考：

“我是谁”，这是事关学校发展定位的问题，要求校长系统地剖析、梳理自己的学校，给自己的学校一个定位。

“我现在在哪里”，对于学校的历史，要有充分的分析评估，要从历史中找到学校发展的方向感；对于学校的现状，要进行客观、真实的评判，不偏不倚，以此作为打造新样式学校的重要发展依据。

“我要到哪里去”，这涉及学校的发展目标，不仅要从学校外部评价角度考虑，更要考虑教育内涵等内部因素。

“我怎么去那里”，是指学校发展的途径、方式、方法、动力等方面的问题。

“我如何确定到了那里”，这涉及评价标准问题，新样式学校以“四品”为标准，即用品格、品质、品牌、品位来评价学校，力图超越以分数、成绩和升学率为唯一指标的老旧办法。

▲绿城育华教育集团教师节座谈会，坐主席台正中的宋卫平先生在讲话（2017.9.10）

▲方建兰校长在绿城育华教育集团教师节座谈会上发言（2017.9.1）

方校长发言提纲如下：

构建名师引进机制

方建兰

名师是创办学校的关键，是学校可持续发展的根本。

一、名师引进工程

学校是一个系统工程，有理念工程、名师工程、管理工程、文化工程，名师工程是最基础的，一所好的学校是由名师造就的。

二、名师引进制度

专门的文件和制度保证

1.名师考核制度。不仅是荣誉上的，更重要的是教育理念和思维方式上的。

2.名师的使用制度。如名师工作室、名师带徒。

3.名师的待遇制度。精神上的、物质上的、经济上的。

三、名师引进的思路

1.引得进。如何了解名师的资源？

2.留得住。怎么配套名师的工作、学习、生活条件？

3.用得好。怎么发挥名师的优势？

（4）对“教师职责”的探索。以下是翡翠城学校教师讨论时的部分论点：演员，靠演技征服观众；球员，靠球技留住球迷；教师，靠综合素质引领学生奔向美好的未来。

不称职的教师在教学中让学生适应自己，带着知识走向学生；而优秀的教师则是在教学中让自己去适应学生，带着学生走向知识。前者是授人以鱼，后者是授人以渔。

教师的真正本领，不在于他是否会讲述知识，而在于是否能激发学生的学习动机，唤起学生的求知欲望，让他们兴趣盎然地参与到教学过程中来。

教师最大的享受、最大的乐趣就在于觉得自己是学生所需要的，是学生所感到亲切的，是能够给学生带来欢乐的。

站上讲台的教师，是合格教师；站稳讲台的教师，是骨干教师；站好讲台的教师，是专家型教师。

把一流的学生培养成一流的人才的教师，只能算是三流的教师；把非一流的学生培养成一流的人才的教师，才是真正一流的教师。任何一个教育家都是因为对非一流的学生的培养获得成功而成为真正的教育家的。

师生关系的最高境界是相互欣赏。唯有这样，师生关系才会水乳交融，达到教学相长之目的。

▲教师展示手工作品

教师对待学生要用“放大镜”“反光镜”和“显微镜”。放大镜——发掘学生的闪光点；反光镜——摘掉学生的缺点；显微镜——彰显学生的个性。

（5）对“融课堂”的探索。翡翠城学校在“全人教育”理念指导下，构建“体课程”（第八章已有专门阐述），开创“融课堂”。“融课堂”是相对于“旧课堂”而言的，它的基本特征是：

①“融课堂”是充满活力的“生命课堂”。“旧课堂”是以知识传授作为主要教学目标的“知识课堂”。传授知识本身无错，但因此使课堂成为知识的“海洋”，引导学生全身心投入知识之中，而忽视了更为重要的人发展所需的活力，容易使学生成为知识的奴隶，违背了教学的真谛。新课堂要求从“知识课堂”走向“生命课堂”。其基本的内涵是：学生个体和群体是充满生命力的，教师个体及教学技能是充满生命力的，教学内容是充满生命力的，教学流程也是充满生命力的……

②“融课堂”是学生发展的“游乐场”。“旧课堂”致力于知识的机械训练，刻意追求知识的系统性、完整性，使课堂充满了浓厚的学究气息。“融课堂”关注学生的发展，关注学生精神世界的发展。精神世界既是理性的，更是感性的。“融课堂”要积极创设有利于学生发展的课堂气氛，努力寻找有利于学生发展的愉快因素，大力发扬有利于学生发展的情感体验。“融课堂”是形象生动的、具体可感的。所以说，新课堂不仅是学生知识的“训练场”，更是学生发展的“游乐场”。

③“融课堂”是师生之间对话的“聊天室”。“旧课堂”或以教师为中心，一切围绕教师转；或以学生为中心，一切从学生兴趣出发，从而导致课堂教学师生双双被动。“融课堂”要求从“教师中心论”“学生中心论”走向“师生对话论”。“对话论”的提出，对当前课堂教学是一个很好的“参照系”。

④“融课堂”是教材创生和开发的“加工厂”。“旧课堂”具有明显的“教材决定论”倾向，教材既决定教师的讲解，也决定学生的学习，教师和学生成了教材的附属品。这种情形有人这样形容：书上详细的详细讲，书上简单的简单讲，书上没有的千万不能讲。这种“本本主义”扼杀了教师和学生的主体性和创造性。“融课堂”积极倡导“源于教材而高于教材”的新理念，对教材要进行二次“加工”。教材“加工”的基本思路是：调整教材、补充教材、拓展教材和开发教材。

⑤“融课堂”是学生自主实践和活动的“操作车间”。在“旧课堂”上普遍存在“教师讲学生听”“君子动口不动手”的现象，阻碍了学生实践操作能力的发展。实践出真知，是教学的真理。学生的能力在活动中形成，在活动中发展，在活动中提升。活动性教学成为当前指引教学改革的主导思潮之一。“融课堂”要积极引导学生在活动中感知，在活动中理解，在活动中提升。新课堂需要一个“三自”环境：自然的氛围、自主的活动、自由的学习。

⑥“融课堂”是知识性和人文性统一的“交通站”。“旧课堂”过分关注知识本身，把知识质量的提高作为教学的唯一衡量尺度。在这种情况下，忽视了课堂教学中人文知识的传授、人文精神的培养、人文素养的熏陶。弘扬知识的人文性，是提升教学品质的重要理念。关于知识性和人文性两者之间的关系不用“联系”或“结合”而用“融会”一词来表示，旨在说明两者之间的辩证关系和整合关系。知识固然是重要的，但追求纯粹的知识是不可取的。知识与人文统一，才能使知识具有强大的力量。课堂教学更为重要的是揭示教材知识背后更为深厚的人文意蕴。

⑦“融课堂”是多样文化熏陶的“礼堂”。“旧课堂”思想性太强，政治性太浓，把课堂变相地演化为思想教育场所、政治教育的熔炉，文化熏陶消失殆尽。从更为宽泛的意义上说，课堂教学是一种文化，师生之间的交往也是一种文化。融课堂“文化观”的基本内涵是：关注当代社会生活文化、弘扬中国传统优秀文化、了解外国多元文化、尊重各民族的多样文化。

⑧“融课堂”是教学资源的“交易所”。“旧课堂”的教学资源来源于课本，课堂教学形式单一，学生获得的信息不仅量少而且质差。曾有人称这种课堂培养的人是“井底之蛙”。在当今信息化的社会，信息只是一种潜在的力量，而信息的交流才是真正的力量。这使人想起英国著名戏剧家萧伯纳关于苹果的例子：如果你有一个苹果，我有一个苹果，我们彼此交换，还是两个苹果。如果你有一种思想，我也有一种思想，我们彼此交换，可以产生第三种思想，甚至多种思想。也就是说，物质的交换只能产生量变而不能产生质变，而思想的交流可以产生量和质的双重变化。课堂上的信息交流，使得学生不断地

拓展自己的思维方式，使其思考的思路得以延长，将思想的触角伸向更为深远的领域。课堂上的信息交流需要新的教学资源，而开发教学新资源，对教师提出了新的、更高的要求。

⑨“融课堂”是现实生活、未来生活的“镜子”。“旧课堂”恪守的“三中心”是以课堂为中心、以课本为中心、以教师为中心，其弊端已日益暴露，突出的一点是课堂教学严重地脱离社会现实生活和学生的实际。有人戏称这种学非所用、“书呆子”式的教学模式为“世外桃源”。“融课堂”应着力于3个基本点：首先，发扬教学的生活意义。社会即课堂，生活即教师，要加强教学全过程与社会、生活的联系，增强教学的针对性和实用性。其次，弘扬教学的现实作用。教学固然要传授人类积累的文化知识，但应与当前现实紧密结合，这样的知识才是活的。要从“世外桃源”式教学走向“实话实说”式教学。最后，发挥教学的未来价值。教学的情形与英语的时态可以类比，既有“过去式”，也有“现在式”，还有“将来式”。教学也要为学生可持续性发展、终身发展的“将来”服务。

⑩“融课堂”是学生作品的“展览室”。“旧课堂”关注学生的个体学习行为、个别的学习成果和个人的发展倾向，很少顾及学生的群体学习行为、合作的学习成果和集体的发展前景。这不利于充分发挥课堂教学“群体促进效应”的独特优势。“融课堂”教学是一种展示式教学。在展示中既要引导学生展示自己、推销自己，又要使其成为一个互学、互帮、互评、互改的学习活动。当然，课堂像展台，但毕竟不是展览室；学生像推销员，但毕竟不是生意人；作业像作品，但只是习作。展示的目的是相互交流、取长补短，促进信息的增值，不能把展示演化为“表演”，为展示而展示。

▲一年级学生课堂上的“精气神”（2017.10.18）

下面是翡翠城学校开学初的第一次教师教研活动安排。不知你有何感想？

写字教学

——教学专题研讨活动之一

活动名称：教学专题研讨活动之一

活动主题：写字教学

活动时间：2017年9月3日

活动地点：一年级（1）班

参与人员：一年级语文、数学老师

活动流程：

活动板块	时间	内容	主讲	主持人	地点
专家讲座	14：00—16：20	写字教学	郑方明	匡　澜	一（1）班
互动交流	16：20—16：40	教师与专家互动交流	教师		

活动准备：

1.教室投影、电脑。

翡翠书院前电子屏：热烈欢迎杭州市小学语文专家、特级教师郑方明老师莅临指导！

教室PPT：

第一页：热烈欢迎杭州市小学语文专家、特级教师郑方明老师莅临指导！

第二页：除活动准备外的活动方案

（两个PPT，滚动播放）

2.拍照及微信推送稿：拍照由郭骁林负责，推送稿撰写由匡澜负责（若干个活动后推送一个完整的微信推送稿）。

教师发展中心

2017.8.31

这则信息中有几个点不能忽视：第一，这次教研活动的时间是2017年9月3日下午2时。据查，这是周日。就是说，是用周末休息时间进行教师培训。这说明了翡翠城学校对教师培训的高度重视；第二，这次教研活动的内容主要是对语文、数学教师的粉笔字训练，说明了学校非常重视教师的板书和对学生的写字教学；第三，这次教研活动的计划是一个非常清楚、详细而实用的活动安排方案，说明了翡翠城学校务实的办事风格。

下面是翡翠城学校2017年9月份（开学后一个月内）教师培训掠影：

琢玉：只为那一份教育的幸福

“取法极致，方得其上。”教学质量是翡翠城学校始终的追求。九月，翡翠城学校邀约多位专家莅临指导，旨在提高教师专业能力，提升学校教学品质。

写字有法　方得明秀

2017年9月3日，翡翠城学校邀请语文特级教师郑方明老师指导写字教学，学校的语文、数学老师均参会学习。

郑老师强调，部编教材拼音难度下降，但写字起步明显变难，所以对于书写得高度重视。接着，她一边结合部编教材中的实例进行说明，一边传授第一学段写字教学的有效策略。

▲语文特级教师郑方明写字教学讲座（2017.9.3）

同时她还分享了激发学生写字兴趣、克服不良坐姿、低年级基本笔画教学等有效方法。在研讨中，郑老师风趣幽默的语言，简练实用的方法让翡翠城学校的老师感受到了汉字的博大精深，感受到郑老师对教师这份职业的用心和热爱！

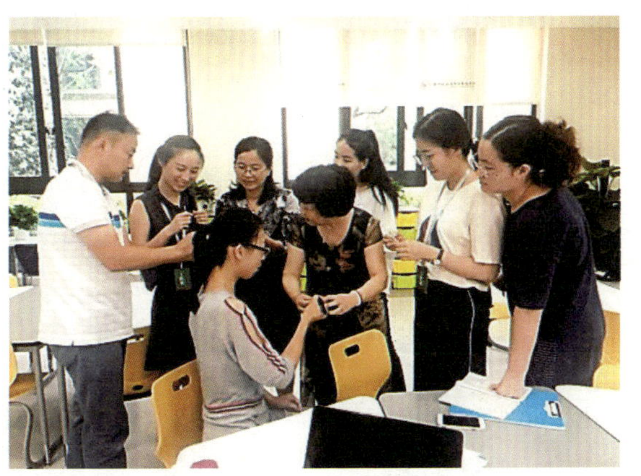

▲语文特级教师郑方明手把手教执笔姿势（2017.9.3）

读书有韵　声情合一

9月5日，翡翠城学校邀请了全国著名语言教学专家、浙江大学的吴洁敏教授来做“情韵朗读学拼音”专题讲座。

吴教授的讲座既高屋建瓴，又接地气，通过大量的实例，生动地介绍了情韵朗读法。吴教授通过亲自示范朗读，让老师们体验到“因声求气”“声断气连”，从而达到“声情合一”的朗读模式。她还带着全体老师一起读歌谣、诵诗文，教会了大家情韵朗读的基本方法与技巧。

▲讲座后大家与吴教授零距离交流（2017.9.5）

▲著名特级教师王燕骅来校讲学（2017.10）

▲杭州市英语教研员吴萍到校指导（2017.10.10）

▲特级教师魏丽君到校指导低段阅读教学（2018.1.2）

同课异构　课堂有型

2017年9月27日，翡翠城学校承办“浙派名师工程”小学科学班展示活动，杭州师范大学来文教授，浙江省教研员、特级教师喻伯军，“浙派名师工程”小学科学班学员等莅临指导。

名师班成员沈菲菲老师与一（2）班的孩子们一起探寻了叶子的秘密。在老师的带领下，孩子们画一画、评一评、比一比，了解了叶的形状、颜色、种类等。

嘉兴市实验小学李张宇老师和一（4）班的孩子们开始了研究叶子的快乐之旅。孩子们兴致勃勃地摸一摸、说一说、画一画，最后还“补一补”叶子，在欢声笑语中学到叶子的知识。

最后特级教师喻伯军点评时总结：学员与李老师同课异构，在同中寻异，在异中思辨，为我们的科学老师点赞；翡翠城学校的小朋友们灵动好学，大气有度，值得称赞。

研讨、磨课、与专家对话等是学校教师培训方式之一，也是教师专业成长的重要途径。理论与实践结合，学习与运用衔接。琢磨璞玉，历练成长，通过培训学习，提高教育教学能力，让翡翠伢儿享受学习的快乐，享受教育的幸福。

▲来文教授（左一）、特级教师喻伯军（右一）与上课的名师学员合影（2017.9.27）

▲浙江省教研室教研员、特级教师喻伯军做讲座（2017.9.27）

▲浙江省小学科学专家、学员在翡翠书院合影留念（2017.9.27）

三、学校文化

（一）翡翠文化

提起翡翠，一些人在脑海中呈现出其晶莹剔透的美态和变化多端的色泽。

浓、阳、正、匀，这几个字绝妙地描写出极品翡翠天然特性的独到之处。另一些人注意到的可能是其雕刻为成品后，能工巧匠赋予其的吉祥文化寓意，譬如：年年有鱼（余），福禄寿喜等。其实，很多的翡翠摆件还蕴含有不可多得的人生哲学，例如：翡翠“三不猴”。

翡翠“三不猴”是由三只猴面组成的竖型翡翠摆件。三只猴子呈半蹲姿态，模样憨态可掬：第一只猴子用手蒙住双眼，第二只猴子用手捂住嘴巴，第三只猴子用手捂住耳朵。看到这种翡翠摆件，可能有人会好奇这个造型的由来。

▲翡翠“三不猴”

原来“翡翠三不猴”一说来自佛家典故，淋漓尽致地表现出佛教“不该看的不看，不该说的不说，不该听的不听”谨慎善为，与世无争，超然处事的思想境界。还有另一种说法缘自《论语》“非礼勿视，非礼勿言，非礼勿听”。

用现代人的眼光来诠释“翡翠三不猴”，其实是从其积极向上的一面劝诫人们，对生活要有敬畏之心。用神话思维的方式，去理解这个经典造型背后蕴藏的古人生存智慧。

在中国文化里，翡翠被人们赋予与其他任何宝石都无法企及的五种精神：（1）仁。翡翠的放射值和人体相同，特别温和，佩戴起来基本感觉不到，就好像有个性格温和的人怀有仁爱之心，一直陪伴在我们身边，同时为我们祛除邪念。（2）义。“人不离玉，玉不离身”，长期佩翡翠便与之产生了某种联系，它可以为主人消灾挡难，古时就有玉佩为战士挡箭的典故，这就是玉的忠义。（3）志。轻轻敲击玉石，它会发出悦耳的声音，而且在很远的地方都能听得到，这就是玉的志向，志在护佑四方。（4）勇。“宁为玉碎，不为瓦全”，人要有很大的勇气才能做到如此，而玉也得有不屈不挠的品性，才能成全主人。（5）洁。玉石通透润泽，从外面就可以看见里面，即便有杂质也毫不隐瞒，难怪人们常用“冰清玉洁”形容一个人的纯粹。

进入翡翠城学校，各个场馆、办公室和走廊，都是有关翡翠的诗句：

1. 玉必有意，意必吉祥。
2. 玉不琢不成器。
3. 茗香翡翠留。——［明］杨 基
4. 却惊翡翠出兰苕。——［宋］张 镃
5. 云轻翡翠城。——［明］何景明
6. 翡翠楼前鸟并翔。——［明］李 奎

7. 春影轻笼翡翠城。——［明］宋 濂
8. 摇空翡翠晚宜人。——［明］萧 执
9. 翡翠三千拥丽华。——［明］杨 慎
10. 翡翠锦屏中。——［唐］李 白
11. 花明翡翠楼。——［唐］崔 湜
12. 投我以桃李，报之以琼瑶。——《诗经》
13. 一片冰心在玉壶。——［唐］王昌龄

精神对应于物质。物质是基础，精神是境界，精神反作用于物质。物质是有形的，精神是无形的，物质是有尽的，而精神是无穷的。教育也是如此。我们认为：创办翡翠城学校，不只是建筑、设备条件的堆砌，更重要的是教育精神的高扬。

（二）办学理念

基于以上认识，初步提出翡翠城学校办学理念：翡翠城学校基于“全人教育”的思想，以“中式为体，西式为用”的育人思路，充分体现中国翡翠文化之魂。

1. 培养目标：翡翠之娃

学校坚持以学生为本，学生发展至上，培养具有现代核心素养的“全人”：翡翠之娃。学校确定“全人”发展的培养目标，一是多方面的和谐发展，二是特长充分发展，三是可持续性发展。

2. 学校校训：玉琢成器

小人只有通过教育才能成为大人。学校发挥精雕细琢的精神，琢出品性，琢出知识，琢出智慧，也琢出大器。

3. 学校风貌：金相玉质

西方西班牙建筑相貌，隐含中国文化的内在潜质。真可谓：中西相间融合，品质其中。

4. 教师教风：抛砖引玉

基于开放的心态，教师不仅是“抛砖者”，更是“引玉者”。教师朝着“浓烈的教育情怀、扎实的基础知识、高超的教育能力”的方向发展。

5. 学生学风：求玉索剑

学习是一种亮剑的行为，学习是一种探索精神，学习是一种品质生活。从乐学到会学再到善学。

6. 行动口号：是翡翠总会成宝玉的！

行动意愿：自信、自能、自强。
行动成效：家国情怀、知识丰富、文化底蕴。

7. 学校愿景：翡一般的冰清，翠一般的温润

在浙江外国语学院小学教育研究所等专家、教授、名师的直接指导下，翡翠城学校努力成为一所有风格、有思想、有文化的一流品牌名校：一所以“中西兼容”为特色的学校，一所以“全人教育”为特征的学校，一所以“翡翠文化”为特点的学校。

具体阐述如下：

（1）一所以“中西兼容”为特色的学校。翡翠城学校是一所中式为体、西式为用的优势学校。由于中西文化不同，教育也呈现不同特点，各有优势。翡翠城学校立足于中式，借鉴西式办学理念，优势互补，强强联合，集大成者。

①在教育理念上，中式教育侧重规范，强调知识的掌握，西式教育侧重开放，关注能力的培养。学校促进两者兼容、合璧，互补互助，比翼齐飞。

②在教师和资源配置上，学校除了老中青三代结合的教师团队外，还有外籍教师。学校资源配置相当丰富，有翡翠书院、科技学院、戏剧学院，还准备筹建模拟校园金融系统、儿童艺术创意街、超市茶吧等。

③在课程编制上，在保证国家课程的基础上，在全国率先进行第一学段“体课程”的构建和实施。学校设计了有中西文化特色的多种拓展性课程“翡翠课程”。中式课程如国学课程、中式乐器、中国仪式课程、书法课程、陶瓷课程、繁体字课程等。西式课程如国外游学、西方礼节、男孩节、女孩节、西式糕点课程等。

（2）一所以“全人教育”为特征的学校。翡翠城学校是一所全面发展、个性发展的实验学校。为了促进学生多方面的和谐发展、特长充分发展、可持续性发展，翡翠城学校积极推进“全人教育”。

①在教育类型上，实施三种教育：全人教育、全程教育、全员教育。

②在课程类型上，推进四种类型：1—2年级为“体课程”，3—4年级为“整合课程”，5—6年级为“拓展课程”，7—9年级为“学科课程”。

③在教学模式上，提倡四步教学法。翡翠一词中的四个“习”字，以“习”字为主线：素习→研习→导习→操习。

翡翠城学校是浙江外国语学院小学教育研究所的实验学校。学校设有专家工作室，长年聘请专家、名师指导。在专家的指导下将实施基于学生的核心素养，构建以“体课程”为中心的、减负的、高效的第一学段教育体系。这是具有中国特色的、国内首创的、整体的大型课程改革项目：一是体课程以“全人”发展作为培养目标。二是体课程采用“全科”的内容。以课程标准语文知识要素和《语文》教材课文为基础，联、合、融各科教学内容。一、二年级学校自主研发和逐步使用《体课程》教材。三是体课程进行综合性“全程”教学，探索“体课程”的多元课型。

（3）一所以“翡翠文化”为特点的学校。翡翠城学校是一所物质精美、精神高尚的精致学校。它坐落于翡翠城，寄寓翡翠以深刻的文化含义。

翡翠的英文名称是jadeite。翡翠不仅是一种玉石，而且体现了一种东方文化，被称为“东方瑰宝”。在古代翡翠是一种生活在南方的鸟，毛色十分美丽，通常有蓝、绿、红、棕等颜色。翡翠的精、神、气是任何其他玉石不可比拟的。在中国文化中，翡翠是精美的物质和高尚精神的完美结合物。翡翠是中国人手中的宝，更是翡翠城学校师生心中的魂。

①翡翠之形：翡翠的元素，是以翠绿为基，红、绿相间。学校的校旗（翠绿旗）、校徽（“金翡翠”：红、绿相间）、校园装修和场、馆、教室、办公用品、教具、学具、餐具等都有翡翠元素。又如学校校歌为“翡翠之歌”，学校广播为“翡翠之音”，学校校刊为“翡翠之文”。

②翡翠之式：“翡翠”一词中有四个“习”字。以“四”为思考的参照线索，相应地在学校设置四个中心：学校服务中心、课程建设中心、教师发展中心、学生成长中心。学校建有“翡翠书院”，包括四个学院：国学院、戏剧学院、科学院和体艺学院。教学模式以“习”字为主线展开四个板块的学习：素习→研习→导习→操习。整个学校课程也分四大类别。以第一学段为例：以国家学科为主体的“体课程”，以英语为特色的“英语课程”，以校本开发为内容的“翡翠课程”和家长课程。

▲班级名

③翡翠之魂：学校的培养目标、校训、学校风貌、教师教风、学生学风、行动口号、学校愿景等办学理念也是从翡翠中得到灵感，遵循法理，自然而成，并成为师生的自觉意识和行动。

（三）学校风貌

学校风貌主要从教风、学风、作风得以体现。

1. 教风

教风指的是教师或教师集体教育的特点和风格，具体是指教师在教学、科研等工作中体现出来的职业道德和学识风范，包括教书育人的目的、态度、行为特点、方法及教师集体的好传统。翡翠城学校致力于“教师专业共同体”的建设和发展。

（1）从“学习”到“学习共同体”。什么是学习？第一种解释是“获得”。老师在讲台上讲课，学生在台下听课，学习对学习者来说就是一个获得的过程。在这种理解中，老师在独白，学生在获得。第二种解释是“参与”。老师在讲台上讲课，但是他和台下的学生有了互动。“就像有人在不断发球给我们，我们要不断地把球接起来。在这个接球过程中，我们的技能就不断提高了。”它的条件是，需要有个高明的发球者。第三种解释是“创造”。在这种学习过程中，学习者们需要相互协作，共同创造知识。“你向我学习，我向你学习，互相学习之外，我们还学习了新的东西，我们或许还创造出了新的知识。”这第三种解释中，就包含了对学习共同体的理解。也就是说，在这个学习过程中，老师和学生之间不再是单纯的你教我学的关系，而是一个共同学习的关系。

（2）从“学习共同体”到“教师专业共同体”。“学习共同体”这个概念，在教育领域是由日本学者佐藤学提出来的。他提出，要将21世纪的学校建成为一个“学习共同体”。“学校是孩子们相互学习、共同成长的地方，是教师作为专家在一起相互学习的场所，是家长和市民参与教育实践并相互联系、相互学习的场所。”从这句话看，学习共同体至少包含三个层面。一是学生和学生之间，二是教师之间，三是所有参与教育实践的教育实践者之间。

教师之间形成的教师专业共同体对教师的成长意义重大。看一个教师的成长轨迹主要可以通过三个方面来观察：看前五年的震荡往复频率，也就是水平方向的发展；看其后十年的振幅，也就是垂直方向的发展；再看后十年的反思和追求，这是一个教师在专业能力上螺旋上升的过程。而在这个成长过程中，教师是否有环境、组织和同伴的支持，使其成为一个教师成长共同体非常重要。

▲学校师徒团队“琢玉”工程启动仪式（2017.9.29）

教师在个体成长过程中，需要对照共同体标准进行自我否定，在共同体中才能发现标准与超越标准的依据。一个成长期的老师是要遵循标准的，但当他逐步成长为一个有特色的老师时，则一定是超越标准的。这个过程不仅需要教师一个人的努力，还需要团队的环境土壤、组织的架构，所以共同体是促进个体成长的重要环境。

但是，教师专业共同体不等于学科教研组。教师共同体应该是一个复合型的、多元化的概念，可能是有球友、跑友、书友、饭友等。这样的共同体，应该成员性质相同、任务导向明确、组织特征鲜明和个体特色彰显。

教师专业共同体是“共同交流、互相启发、共同提升，实现真正的守望相助”。

“惑而不从师，其为惑也，终不解矣。”在提升学习教学品质的道路上，必然会遇到诸多困惑，若遇良师，理想教育的步伐会更加稳健。2017年9月29日下午，翡翠城学校举行校师徒团队“琢玉”工程启动仪式。

翡翠伊始　术道先行

▲五位校级导师（2017.8.29）

学校注重每一个教师在专业知识与技能上的学习研究，使校外特聘特级教师、校内导师、校内年轻教师三者形成一个学习圈，相互学习，共同成长。教师发展中心陈贤彬老师从“玉意”“玉式”“玉佩”“玉格”四个方面解读的校师徒团队“琢玉”工程，也宣布成立“翡玉”“翠玉”“紫玉”等六个师徒组。

▲翠玉班主任组（2017.9.29）

▲翡玉语文组（2017.9.29）

▲紫玉数科组（2017.9.29）

▲黄玉英语组（2017.9.29）

▲墨玉艺术组（2017.9.29）

▲蓝玉体育组（2017.9.29）

不立文字　以心传心

校长助理陈兴苗代表导师致辞：“师徒结对不仅是年轻老师的成长，师傅在徒弟身上也得到了成长。导师负责制，就是导师负责好徒弟的学习任务，对徒弟倾囊相授，毫无保留，将教育的衣钵传承下去。”年轻老师们也以敬茶礼来表达对学习的热爱：他们躬身敬茶，以志于传承绿城育华教育的精髓。

▲徒弟向师傅陈贤彬敬茶（2017.9.29）

双修共长　琢玉成器

方建兰校长总结发言：“师徒团队，是一种交流，是一种提升，更是一种文化，我们要从中学习、思考、研究，并在实践中创新。希望大家双修共长，琢玉成器。”

师徒结对是学校教师培训的重要组织方式，也是学校学术研究的摇篮。导

▲方建兰校长在师徒结对仪式上总结发言（2017.9.29）

师的指点就像一副催化剂，加速了我们的成长，尤其是在专业知识和专业技能方面。学校是教师、学生共同学习成长的地方。年轻老师的好学上进，学校导师的扬鞭奋蹄，营造良好的学习氛围，在琢磨璞玉的过程中双修共长。

教学常规管理制度

为了进一步学习和贯彻落实新课标的要求，规范教师的教学行为，全面提高教师教学能力和素养，根据翡翠城学校的实际，拟定教学常规管理制度。

（一）备课

1.认真学习新课程标准，树立正确的学生观、教学观和课程观，结合学科特点和学生实际，制定切实可行的学科教学计划。内容包括：①学生知识、能力、习惯分析及对策；②本册教材特点、重点、难点分析；③教学进度安排表。教学计划要求在规定的时间内完成并上交给教研组长。

2.以学科为单位分年级进行集体备课，集思广益，博采众长，共同研究教材，制作课件和教具。

3.教师必须提前两周备好课。上课前，必须结合教学实际和学生特点认真修改教案。

4.通读全册教材，了解各单元、章节在全册教材中的地位，确定每节课的教学目标，根据学生实际确定整体目标、分层目标、学习重难点。

5.全面了解学生，从学生的年龄特征、兴趣爱好、知识水平、实际能力和发展潜力出发，选择、设计恰当的教法和学法，教学过程要体现活动化、个性化特点。在学案设计的右侧要写上“个别指导落实点”。

6.分课时设计学案，做到重点突出，难点分散，教学过程清楚、详实，内容安排的容量、密度、深广度合理。

7.精心选择和设计课内、课外练习，练习体现目的性、针对性、层次性、多样性和趣味性，板书设计美观、巧妙、实用。

8.参加校、区及以上教研活动的教研课要以课程研发组、学科教研组为单位进行集体备课、试教、磨课等。

9.“师徒工作坊”互动交流课要求课前师徒课前共同备课、预设教学方案，课后进行交流、评析，记录整理书面评课、教研反思。

（二）上课

1.上课前必须做好准备工作并提前2分钟候课，下课铃响准时下课，严禁拖堂。科学、音乐、体育、美术、信息技术等教师需要在专用教室（场地）上课时，须提前将学生从教室有序带到专用教室（场地）上课。一、二、三年级学生由班主任协助带领，四、五、六年级学生由指定班干部整队并在任课教师指导下进入场地上课。

2.认真实施课时计划，每节课按时完成教学任务，注意教学过程中的生成信息，及时调控，提高教学效益。

3.仪表端庄、教态亲切自然，语言精练、生动、规范，板书整洁，书写规范有条理，示范、演示正确熟练。

4.面向全体学生，关注每一个学生，创设情境，多向互动，分层施教，注意个别辅导。

5.优化主要教学环节。导入要有目的性、趣味性、艺术性和多样性；提问要目标明确，内容集中，表达简明，时机适宜；小组合作讨论紧扣主题，保证时间，尊重学生发言，鼓励发表不同意见，适时指导；讲解内容要有科学性、针对性；练习要及时反馈矫正。

6.课堂组织教学要贯穿始终，张弛有度，创造一个良好的教学环境。

7.注意教学卫生，随时提醒学生保持正确的读写姿势，帮助其养成良好的学习行为习惯。

8.课后及时进行教学反思，每周不少于2次；积累、撰写有一定质量、价值的教学反思，每月不少于1篇（上传教学资源共享群）；总结教学实践得失、体会，积累教学过程中的精彩教学案例，每学期不少于2篇。

9.积极承担各级各类教研课任务，认真上好校、区及以上公开课、观摩课等，课后及时反思，撰写教历研究报告。（“教历”指的是教师教学的经历或历程，是在教案基础上发展起来的更全面、更真实记录教师教学行踪的一种研究教学、总结经验、提升理论的动态生成材料。一般由三个部分组成：课前计划、过程描述、课后反思。）每位教师每学期至少上一节公开课。

10.严禁在上课时间内接电话、会客。

（三）作业及批改

1.教育和培养学生按时、认真、独立完成作业及自觉检查、订正作业的良好习惯。

2.根据教学内容，兼顾学生差异，作业体现层次性，对学有余力的学生可适当增加促进基础知识运用，带有趣味性、综合性强的练习题，不得布置大量机械性、重复性的抄写作业，不得用作业惩罚学生。

3.作业量和难易度要适宜，大部分作业要求课内完成，严格控制课外作业量，一年级一般不留书面家庭作业。

4.作业格式统一，每次作业必须写明课题、题次和日期，要求学生作业面整洁，字迹端正、美观，一、二年级用铅笔书写。

5.批改及时、认真、规范，不得草率，符号统一（“√”“？”“○”），要做到一题一钩，“钩”要标准、到位。按等第评定作业，为优秀、良好、合格、待评，可简写为优、良、合、待。可写上鼓励性或提醒性的评语，提倡探索科学、有效的批改方法。

6.课内作业必须当天批改，及时订正、回批，作业面批率达到85%。批完作业后要求作业本叠放整齐。

（四）辅导

1.贯彻“承认差别、因材施教”的原则，根据学生的不同情况选用适当的方式进行辅导。

2.辅导既要重视知识的查漏补缺和学习方法上的指导，又要重视学习目的性的教育。

3.关注学生学习兴趣、习惯和意志、毅力的培养。

4.辅导的方式要多样，注意调动学生的积极性、主动性，因人而异，加强个别辅导，做到不让一名学生掉队。

5.学生有事有病请假，回校后教师须及时给予补课、补作业并批改。

（五）学生评价

1.注重及时检查教学效果，平时检测、单元测试自行安排进行，期中竞赛由学校组织命题、测试、阅卷；期末测试一般由区教育部门统一命题，学校组织进行测试、阅卷。期末测试的优秀率、合格率达到区测本年级本学科成绩常模以上。

2.测试题要根据新课标、教材的要求，全面考查学生的学习情况，做到难易适度。

3.重视过程评价，并与阶段性评价和期末评价相结合，每学期学生必须有平时检测、期末测试、总评成绩。

4.重视检测后的反馈，及时发现问题，反思和改进自己的教学。

5.一、二年级不进行书面期末测试。一、二年级进行学生评价改革，由学校组织，年级组协调落实模块游戏考核，开展“模块游考”评价实践研究。

十月份备课、作业检查安排

一、备课检查

时间：10月17日13：00—13：30，地点：教师发展中心

纸质稿拿到教师发展中心，课件直接给检查人员

<table>
<tr><th>学科</th><th>年轻教师</th><th>检查人员</th><th>备注</th></tr>
<tr><td>语文</td><td>匡　澜 华丽佳 汪悠扬</td><td>徐华芳</td><td rowspan="7">要有封面、教学计划等，详看制度</td></tr>
<tr><td>数学</td><td>郭瀚远　李天影</td><td rowspan="2">陈贤彬</td></tr>
<tr><td>科学</td><td>郭骁林</td></tr>
<tr><td>英语</td><td>金　珊　陈巧辉</td><td>方建兰</td></tr>
<tr><td>美术</td><td>吴佳芮</td><td rowspan="2">陈兴苗</td></tr>
<tr><td>音乐</td><td>任思思</td></tr>
<tr><td>体育</td><td>肖华龙　王　萌</td><td>许小连</td></tr>
</table>

二、作业检查

时间：10月17日13：00—13：30，地点：教师发展中心

要求：本数要齐全，在13：00之前搬到教师发展中心。

学科	年轻教师	检查人员	备注
语文	匡　澜 华丽佳 汪悠扬	徐华芳	检查课作本、生抄本
数学	郭瀚远 李天影	陈贤彬	课作本、书本
英语	金　珊 陈巧辉	方建兰	待定

2. 学风

学风泛指学校、学术界的或一般学习方面的求学和治学的风气。在学校，主要是指教师和学生在一般学问和学习方面的风气，是师生对待学问和学习的情绪上、言论上、行动上的共同倾向。

3. 作风

作风又可称为管理作风或服务作风，是指管理主体在实施管理过程中的思想作风、工作态度、学习作风和生活作风等。其实施主体包括学校各级领导班子、行政职能部门和后勤管理人员等。优良的作风主要表现为解放思想、求真务实、办事公道、精诚团结、高效廉政、关心师生、作风民主。

下面是学校行政及教师值周工作安排表：

绿城育华翡翠城学校行政及教师值周工作安排表

周次	时间	行政值周	教师值周	周次	时间	值周教师	教师值周
1	8.28—9.3	方建兰	汪　萍	13	11.20—11.26	陈兴苗	肖华龙
2	9.4—9.10	陈兴苗	肖华龙	14	11.27—12.3	陈贤彬	郭瀚远
3	9.11—9.17	陈贤彬	郭瀚远	15	12.4—12.10	徐华芳	吴佳芮
4	9.18—9.24	徐华芳	吴佳芮	16	12.11—12.17	许小连	郭骁林
5	9.25—9.30	许小连	郭骁林	17	12.18—12.24	方建兰	任思思
6	国庆假期			18	12.25—12.31	陈兴苗	金　珊
7	10.9—10.15	方建兰	任思思	19	2018.1.1—1.7	陈贤彬	陈巧辉
8	10.16—10.22	陈兴苗	金　珊	20	1.8—1.14	徐华芳	王　萌
9	10.23—10.29	陈贤彬	陈巧辉	21	1.15—1.21	许小连	宋杏子
10	10.30—11.5	徐华芳	王　萌	22	1.22—1.28	方建兰	汪　萍
11	11.6—11.12	许小连	宋杏子	23	1.29—2.4	陈兴苗	肖华龙
12	11.13—11.19	方建兰	汪　萍				

注：行政值周因公或临时外出须报校长审批同意，值周教师因公或临时外出须报学生发展中心审批同意，并安排岗位接替人，在学校工作群内公告。

◆行政值周主要职责

行政值周为一周校园秩序、安全管理第一责任人，负责组织并具体实施下列工作：一周内校园紧急事项的协调处理，并第一时间报学校领导；上、下学期间协同值周教师、护学家长做好组织与管理；协调解决当周值周教师反馈的相关问题；排查并协调解决一周内校园安全隐患与相关问题。

每周五教师例会简要反馈一周值周情况（5分钟内），书面值周小结发校长助理室备案。

◆值周教师岗位职责

值周教师为当周年级现场巡查第一责任人，负责组织并具体落实下列工作：巡查教师开窗通风、电器门窗三关、教室及公共区卫生情况，每日完成反馈，并以周为单位报备给学生发展中心；协同行政值周做好上、下学组织和管理工作；

3.结合周行为规范教育重点和常规工作，一日三巡（上午上学前、中午就餐时、下午放学后），负责相关检查工作，并将检查结果报学生发展中心。

2017学年第一学期“幸福翡翠”工会社团活动方案

一、指导思想

为推动全体教职工积极参与学校工会社团活动，围绕“健康生活、快乐工作”的理念，学校工会将通过开展社团活动积极打造“幸福翡翠”，营造和谐共进的工作氛围，努力引导全体教职工通过参与社团活动转变理念，锻造健康的身心、丰富高尚的学识、提升职业的修养。

二、组织架构

总负责：方建兰

执行组织：陈兴苗

具体组织：王　萌

组员：许小连 肖华龙（后勤支持）汪　萍 原素丽（安保医务）

三、实施细则

1.参加对象

学校全体教职工（含财务、后勤、食堂、物业全体人员），自愿选择报名参加。

2.活动时间

必修、选修社团每月均开展2次以上活动，具体活动时间、地点、内容等由各社团负责人报送，由工会统筹安排后公布。假期内活动自主安排（员工团建活动每月一次，内容由各负责人商议确定）。

3.组织要求

（1）各社团负责人根据活动主题编排学期活动计划（明确活动时间、地点、组织责任人）。

（2）各负责人做好组织工作，活动前、活动中应高度重视活动安全工作，确保活动安全。

（3）各社团负责人在执行过程中要及时了解成员的真实感受，同时收集保管活动过程资料（含文字、图片、评论、成果等），建立活动档案，学期末上交学校，确保活动内容的系统性、连续性。

（4）各社团根据活动的特点，可视情况少量吸纳有特长的学生家长参加，但需首先报学校备案，并获得批准。

4.计分办法

（1）每人不限参加社团数量。

（2）每人每参与一次社团活动记一分，以此累计。

5.活动保障

（1）各社团开展活动场地以校内为主，由学校提供，活动前先有执行组织负责人与物业服务中心协调落实。

（2）各活动场地的安全、水电、卫生需由各活动负责人组织并落实，切实做到安全有保障、组织有秩序、卫生有落实。

（3）组织活动避免铺张浪费，提倡绿色、环保、节能。活动所需必备材料由各项目负责人向执行负责人申报，经学校审批同意后执行，原则上由各活动小组自行采购，凭正规发票、购物申请审批单到财务室报销。

6.活动奖励

“幸福翡翠”推行“你运动我买单”“你学习我买单”的奖励措施，根据各社团的具体情况及成效适当给予奖励，每学期末依据社团负责人实际登记记录为依据一次性发放。每学期期末由学校组织对社团活动成果（依据活动次数、活动组织、活动效果三个方面）进行综合评价，评选优秀团队、创意团队、和谐团队，并给予适当的奖励。

四、社团活动清单

社团类别	社团名称	负责人	开展时间	备注
我学习	读书社团	徐华芳	按社团计划	线上线下结合 至少必选一项
	英语社团	金　姗		
我运动	乒乓球俱乐部	郭瀚远	依据开设计划 每周公告	任选参加项目
	健身俱乐部	王　萌		
我文艺	文艺演出赏析社	任思思		
	乐器社	汪悠扬		
	书画社	陈贤彬 匡　澜		

五、社团活动管理手册（见附件）

（1）社团活动组织记载表

（2）社团活动小结（评价表）

（2）社团活动组织器材、物资购买预算审批表（同申购表，略）

附件1：

2017学年第一学期“幸福翡翠”工会活动
（　　　　　）社团活动组织记载表

负责人：

活动时间	活动地点	活动内容	参加人数	出席人员

附件2：

2017学年第一学期“幸福翡翠”工会活动
（　　　　　）社团活动学期评价

负责人：

活动组织评价（优秀5分，合格3分）	基础分值
本学期按计划需组织活动　次，实际组织活动　次，活动计划执行率　%。	
活动组织评价（每项1分，共10分）	过程分值
1.活动前有活动计划，计划报工会及学校审核备案	
2.活动成员登记并报学校审核同意后实施	
3.活动设施设备购置经费严格按学校规定流程实行“申报-审批-购买-报销”流程实施，做到不铺张浪费（该项目执行不到位，活动经费不予审批）	
4.活动组织均做到至少提前一天预告提醒	
5.活动组织有安全提醒、安全措施到位（该项目不到位，评优一票否决）	
6.活动场地卫生保洁措施落实，活动后能做到物品归位	
7.活动后能及时做好活动记载	
8.期末能按时上交活动管理手册	
9.注重活动过程照片收集，期末打包上交精彩照片资料	
10.活动组织氛围好，受到团队成员欢迎和好评	
活动创新自评（视情况评分，最多5分）	创新分值
总分：	
经学校工会社团组织管理委员会评估审定，该社团被评为　　　　社团。 评估小组组长（签字）： 年　月　日	

▲食堂人员学习、研讨饮食方案（2017.10.25）

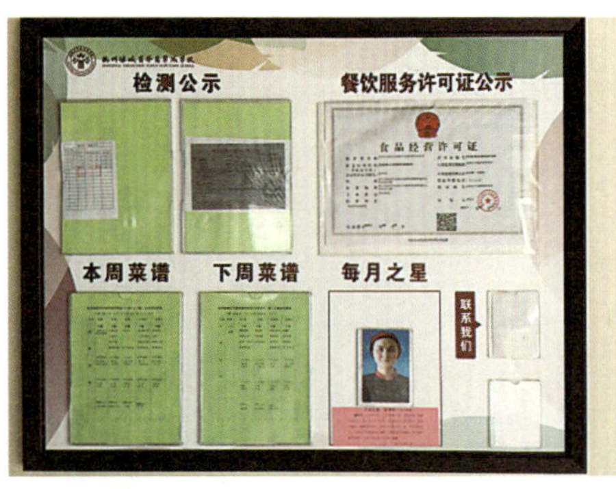

▲规范的食堂管理（2017.10.25）

▲翡翠城学校食堂员工厨艺比赛5人获奖（2017.10）

▲家长义工（2017.10.12）

▲学校保安人员进行消防演练之一（2017.12.3）

▲学校保安人员进行消防演练之二（2017.12.3）

▲翡翠城食堂职工进行灭火培训（2017.12.3）

▲翡翠城学校保洁员培训（2017.12.3）

学校的发展离不开家长的参与和支持。翡翠城学校积极加强与家长的联系，构建促进学生发展的“家—校共同体”，提升学校的“精气神”。其做法有：一是定期的家庭走访。二是召开家长会议。三是成立班级家长委员会。

▲首届班级家委会（2017.12.15）

▲翡翠城学校首届教职工趣味运动会（2017.12.1）

咏　雪

陈海克

雪映长堤湖思静，
风扯青云影难随。
把酒临池惜玉洁，
踏痕方知故人归。

2018.2.10

附 录

附录1：

第一届教职员工名单

	姓名	性别	出生	学历	学科	毕业学校	任职	备注
1	方建兰	女	1969.2.28	本科	语文	宁波大学	校长	※
2	陈兴苗	男	1976.5.14	大专	美术	绍兴文理学院	校长助理	※
3	陈贤彬	男	1975.1.22	本科	语文	温州大学	教师发展中心副主任	※
4	徐华芳	女	1973.12.12	本科	语文	杭州师范大学	学生发展中心副主任	
5	许小连	男	1957.8.15	大专	美术	杭州师范大学	后勤发展中心副主任	
6	任思思	女	1993.2.1	本科	音乐	武汉音乐学院		
7	吴潜俐	女	1994.4.18	本科	美术	西安美术学院		
8	华丽佳	女	1989.11.6	本科	道法	杭州师范大学		
9	郭瀚远	男	1994.7.9	本科	数学	浙江外国语学院		
10	匡　澜	女	1995.2.25	本科	综合	浙江外国语学院		
11	郭骁林	男	1985.11.30	硕士	科学	浙江大学		
12	王　萌	女	1995.9.3	本科	体育	宜宾学院		
13	肖华龙	男	1981.7.4	本科	体育	赣南师范大学		※
14	仇明芹	女	1988.9.4	本科	语文	湖南师范大学		※
15	李天影	女	1987.9.23	本科	数学	东北师范大学		
16	金　珊	女	1991.6.3	本科	英语	浙江工商大学		
17	陈巧辉	女	1989.7.14	本科	英语	湖南第一师范		
18	汪　萍	女	1985.9.7	大专		安徽蚌埠医学院	办公室	
19	沈颖颖	女	1973.6.9	大专		浙江广播电视大学	会计	

※为原杭州绿城育华小学教师

附录2：

第一届学生及家长名单（共149人）

序号	姓名	班级	性别	父亲	母亲
1	郭雨彤	1	女	郭世成	吕宏聪
2	陈然亦可	1	女	陈　涛	吴锡琴
3	黄瑾瑜	1	女	黄成家	邹超华
4	吴　悠	1	女	吴　迪	许园芳
5	孙　茹	1	女	孙中海	张　玉
6	吴天雨	1	女	吴　冰	蒋连香
7	刘美汐	1	女	刘立峰	陈　非
8	李麟彤	1	女	李　明	张书佳
9	张云逸	1	女	张　群	周　宏
10	严晗语	1	女	严　琦	戴燕萍
11	张晨艺	1	女	张伟捷	金肖肖
12	陈旭蕊	1	女	周智强	陈　星
13	姜灵儿	1	女	姜　峰	徐　静
14	林容乐	1	女	林进红	王慧娟
15	陆家祺	1	男	陆　军	庞春风
16	施宇宸	1	男	施松华	张秀丽
17	陈弘量	1	男	陈裕珍	罗郑雷
18	林井昊	1	男	林寿魁	徐晓赟
19	袁子俞	1	男	袁建峰	俞　娟
20	路厚霖	1	男	路　恂	刘淑元
21	包昀灵	1	男	包育豪	李莉莉
22	杨展程	1	男	杨一超	吕宁宁
23	刘宇辰	1	男	刘　佳	王玉红
24	张朝萌	1	男	张培勇	姚燕萍
25	马家慧	1	男	马炜峰	刘　程
26	南懿轩	1	男	南加梨	邓彩红
27	李澄宇	1	男	李文兆	王丽蕊
28	郑佳成	1	男	郑伟良	杜秀玲

序号	姓名	班级	性别	父亲	母亲
29	王哲皓	1	男	罗胜华	王剑芬
30	蔡昕儿	2	女	蔡玔雄	屠　琳
31	朱玉洁	2	女	朱俊辉	宣皓莹
32	宣冰清	2	女	朱俊辉	宣皓莹
33	胡楚绯	2	女	胡琦凯	陈　曦
34	林一诺	2	女	林国艳	耿金芬
35	戴姝然	2	女	戴周刚	韩春慧
36	高子旋	2	女	高　远	李若萱
37	张漫琪	2	女	张　圳	杨　艳
38	沈若伊	2	女	沈伟杰	方　君
39	陈嘉懿	2	女	陈　飞	彭　聪
40	朱可馨	2	女	朱　伟	邵　静
41	陆卓尔	2	女	陆谦益	卓丽娜
42	许若曦	2	女	许大虎	王小爱
43	聂楚妍	2	女	聂万泉	周　舟
44	陈夏伊	2	女	陈伟力	冯玉洁
45	余俊源	2	男	余荣威	翟玲娜
46	金　正	2	男	金荣均	鲍丽娜
47	於子朗	2	男	曹　骏	於文亚
48	张栩然	2	男	张如林	张　媛
49	史庭浩	2	男	史晓刚	张　玉
50	熊玮曦	2	男	熊　柏	凌小芳
51	杨翊辰	2	男	杨　勇	冯球霞
52	江晨瑜	2	男	江献根	章超莉
53	楼宏睿	2	男	楼晓阳	冯　艳
54	朱泽轩	2	男	朱余涛	贾春丽
55	张浩轩	2	男	张希明	沈晓华
56	任瀚博	2	男	任　力	姚秋月
57	成浩睿	2	男	成　鹏	潘芝文
58	曾添瑞	2	男	曾吴军	曹小花

序号	姓名	班级	性别	父亲	母亲
59	曹景霖	2	男	曹 伟	王 薇
60	杨洛颜	3	女	杨 凯	卢鑫倩
61	余 悦	3	女	余继连	李 博
62	王小冉	3	女	王 敏	韩翠娜
63	丁悦然	3	女	徐炳潮	丁 宜
64	范嘉怡	3	女	范 辉	丁嘉佳
65	叶静怡	3	女	叶建辉	林佳丽
66	杨博雯	3	女	杨 华	叶无瑕
67	李筱唐	3	女	李益炯	陈凌燕
68	蒋悦扬	3	女	蒋义伟	高 燕
69	蒋 硕	3	女	仇富良	蒋国瑛
70	刘心琪	3	女	刘 宽	杨婵娟
71	周杭敏	3	女	周吉南	黄春春
72	陆文歆	3	女	陆俊丰	王赛瑶
73	卢 珊	3	女	卢明华	徐雪梅
74	黄宝乐	3	女	黄生红	张俏蕾
75	张熙喆	3	男	张 旭	丁 美
76	张浩然	3	男	张 兴	徐惠敏
77	倪哲轩	3	男	倪志见	金 婷
78	斯 诺	3	男	斯肖征	赵 霁
79	沈天泽	3	男	沈晓峰	莫立英
80	陈 唯	3	男	陈 龙	赵伶俐
81	王文谦	3	男	王玉明	文 瑶
82	裘 睿	3	男	裘大刚	彭 艳
83	任籽辰	3	男	任高岩	蒋利君
84	蒋振希	3	男	蒋春杭	阮芳芳
85	陈至轩	3	男	陈建国	吴菊萍
86	陈 烨	3	男	陈 辉	徐 阳
87	徐宇轩	3	男	徐志华	彭 蕾
88	黄佳晨	3	男	黄 星	全媛媛

序号	姓名	班级	性别	父亲	母亲
89	吕文杰	3	男	吕海棠	吴　巧
90	赵明轩	4	女	赵洪波	司乃飞
91	孟语萱	4	女	孟翔宇	何维丽
92	王家瑜	4	女	王　聪	俞　琳
93	金以萱	4	女	金俐杰	杨　君
94	何清凝	4	女	何　欣	陈　煜
95	胡卓希	4	女	裘大柯	胡　珺
96	林亦可	4	女	林贤清	洪小燕
97	何愈之	4	女	何侍宪	俞苗玲
98	邹雨姗	4	女	邹增强	田聪伶
99	方梓霖	4	女	方　波	李　攀
100	李若萌	4	女	李　旻	李　斐
101	张家瑜	4	女	张朋荣	张旭光
102	鲍江桐	4	女	鲍黄贵	江荣珍
103	张琳澜	4	女	张金龙	王　琴
104	周若西	4	女	周以达	李春燕
105	王厚朴	4	男	王　亮	许　静
106	范天涵	4	男	范浩川	林　璇
107	陈敬之	4	男	陈　义	周　婧
108	白敬瑄	4	男	白　昱	邵聪丽
109	金子涵	4	男	金建法	吴　尉
110	吴浩博	4	男	吴晓宇	郑海婷
111	徐　诚	4	男	徐云锋	樊亚君
112	王永锡	4	男	王　凯	蔡小娟
113	朱智麟	4	男	朱刚毕	王柏英
114	郑梓浩	4	男	郑晓晖	李雪梅
115	占家为	4	男	占焱清	冯丽华
116	王子谦	4	男	王新生	程　婕
117	岳云志	4	男	岳卫东	张素丹
118	何高树	4	男	何　果	高情情
119	高彦睿	4	男	高炳军	郑雨薇

序号	姓名	班级	性别	父亲	母亲
120	蔡沛凝	5	女	蔡 松	赵 然
121	张馨宇	5	女	张子祺	曹艳敏
122	王一卉	5	女	王成东	黄越欧
123	方关清	5	女	方 毅	张 洁
124	倪奕童	5	女	倪海勇	孔利静
125	丁琪然	5	女	丁大军	王米娜
126	楼乙墨	5	女	楼海洋	陈赟媛
127	华 轩	5	女	华 哲	楼哲虹
128	唐舒瑶	5	女	唐卫东	高美娜
129	陈旖萱	5	女	陈 刚	方 芳
130	王菡薏	5	女	王文辉	应 芳
131	刘翊婷	5	女	刘洪玮	王 剑
132	丁 宁	5	女	丁正超	田 莉
133	江王瑞	5	女	江成飞	王美娅
134	吴佳琳	5	女	吴存阔	邱菀凌
135	杨南驿	5	男	杨荣华	孙海静
136	谢明道	5	男	谢宗毅	韦晓军
137	喻柏森	5	男	喻宪军	董 慧
138	苏义杭	5	男	苏宗仁	金晓平
139	李付哲	5	男	李为华	付 琼
140	王佳澍	5	男	王 智	贾 嘉
141	鹿 泽	5	男	鹿立学	竺飞英
142	楼乙吾	5	男	楼海洋	陈赟媛
143	马敏哲	5	男	马 鸣	孙 蕾
144	邱禹宁	5	男	邱金海	蒋丽萍
145	练 席	5	男	练进军	郑丽霞
146	叶一宸	5	男	叶 挺	沈丹萍
147	鲁瀚炜	5	男	鲁波凯	冯 琰
148	陈君涵	5	男	陈淮北	刘 波
149	谷闰暄	5	男	谷利涛	靳君晓

（2017年9月）

附录3：

第一届年级家委会名单
（2017年11月）

序号	班级	姓名	与家长关系	家长姓名	工作单位	备注
1	一（1）	包昀灵	父子	包育豪	上海普华科技有限公司	A
2	一（1）	张云逸	母女	周　宏	浙江度川网络科技有限公司	B
3	一（1）	林容乐	母女	王慧娟	全职	C
4	一（2）	陆卓尔	母女	卓丽娜	独立培训师	A
5	一（2）	曾添睿	母子	曹小花		B
6	一（2）	蔡昕儿	母女	屠　琳	浙江冠拓科技有限公司	C
7	一（3）	李筱唐	父女	李益炯	浙江农业大学	A
8	一（3）	陈　烨	母子	徐　阳		B
9	一（3）	蒋　硕	母女	蒋国瑛	杭州乐阳体育活动策划有限公司	C
10	一（4）	郑梓浩	母子	李雪梅	全职	A
11	一（4）	周若西	母女	李春燕	浙江中安电子工程有限公司	B
12	一（4）	何高树	母子	高情情	全职	C
13	一（5）	谢明道	父子	谢宗毅	杭州市云意科技有限公司	A
14	一（5）	王一卉	父女	王成东	苏州西电销售有限公司杭州分公司	B
15	一（5）	唐舒瑶	母女	高美娜	全职	C

A：班级家委会主任 B：负责教育教学的家委会代表 C：负责后勤服务的家委会代表

后 记

2017年3月1日，我受绿城育华教育集团的派遣，与同事陈兴苗、吴潜俐老师进驻翡翠城房地产开发有限公司，与项目公司团队一起正式启动翡翠城学校筹建工作。

万事开头难，难在一个“始”字。学校从规划设计到动土开建，从筹建设立到办学许可，从如期开学到初见成效，无不倾注着众人的心血和智慧，凝聚着众人的心力和创造，凝结着众人的支持和帮助。借此机会，对所有为之付出的人们表示真挚的谢意。

感谢教职员工！

翡翠城学校首批教职员工组成学校筹建团队，在协同项目公司基建的同时，克服种种困难，与时间赛跑，朝起暮归，加班加点，在短短的时间内完成招生招师、研发课程、教师入职培训等工作，为开学做好了充分准备。

老师们秉承绿城育华“全人教育”的理念，用尽了心，铆足了劲，动足了脑筋，为孩子们创设充满学本味的课堂，策划具有童趣的活动，研发适合儿童多元发展的课程。

感谢工程建设者！

三年前，随着翡翠城房地产开发项目的逐步推进，为了给翡翠园区数千个家庭的孩子提供优质教育资源，翡翠城项目公司和绿城育华教育集团共同谋划翡翠城学校创建蓝图，这是一个实实在在的“民心”工程，也是一份沉甸甸的社会责任。

在学校建设中，项目公司全体建设者群策群力，全力以赴，日夜奋战在设计室、工程部、学校工地之间，为翡翠城学校的建设做好了坚实的基础工作。

感谢家长朋友们！

翡翠城学校的家长们诚心、热心、知心，成为学校不可或缺的教育资源和办学力量。家长护学队、家长义工、家委会等随即成立，亲子课堂、亲子阅读、亲子运动会等活动有序开展。学校各方面工作在家长的信任、理解、参与中推进，家校融合、协同共育之花欣然盛开。

在翡翠城学校的筹备和建设中，还要特别感谢中国绿城董事会主席宋卫平先生、绿城房产集团总裁寿柏年先生、翡翠城项目公司总经理周向阳先生和练鹏年先生，绿城教育集团总经理陈海克先生和总经办副主任陈文吉女士，翡翠城项目公司总经办经理丁静玉女士和工程部所有建设者们，绿城育华教育集团兄弟学校、翡翠城物管、翡翠城幼儿园，杭州绿城育华小学首任校长申屠杭西女士、杭州市学军小学老校长杨一青先生以及浙江外国语学院汪潮教授等。

方建兰

2018.2.28